A ALTERAÇÃO DOS MUNDOS

A ALTERAÇÃO DOS MUNDOS
Versões de Philip K. Dick
David Lapoujade

ISBN 978-65-86941-87-6

Embora adote a maioria dos usos editoriais do âmbito brasileiro, a n-1 edições não segue necessariamente as convenções das instituições normativas, pois considera a edição um trabalho de criação que deve interagir com a pluralidade de linguagens e a especificidade de cada obra publicada.

n-1 edições
coordenação editorial **Peter Pál Pelbart e Ricardo Muniz Fernandes**
direção de arte **Ricardo Muniz Fernandes**
assistente editorial **Inês Mendonça**
tradução **Hortencia Lencastre**
preparação **Clarissa Melo**
revisão **Flavio Taam**
projeto gráfico **Érico Peretta**
ilustrações/capa **Julian Brzozowski**

1ª edição | São Paulo | fevereiro, 2022

n-1edicoes.org

DAVID LAPOUJADE

A ALTERAÇÃO DOS MUNDOS

Versões de Philip K. Dick

Tradução de
Hortencia Lencastre

n-1 edições

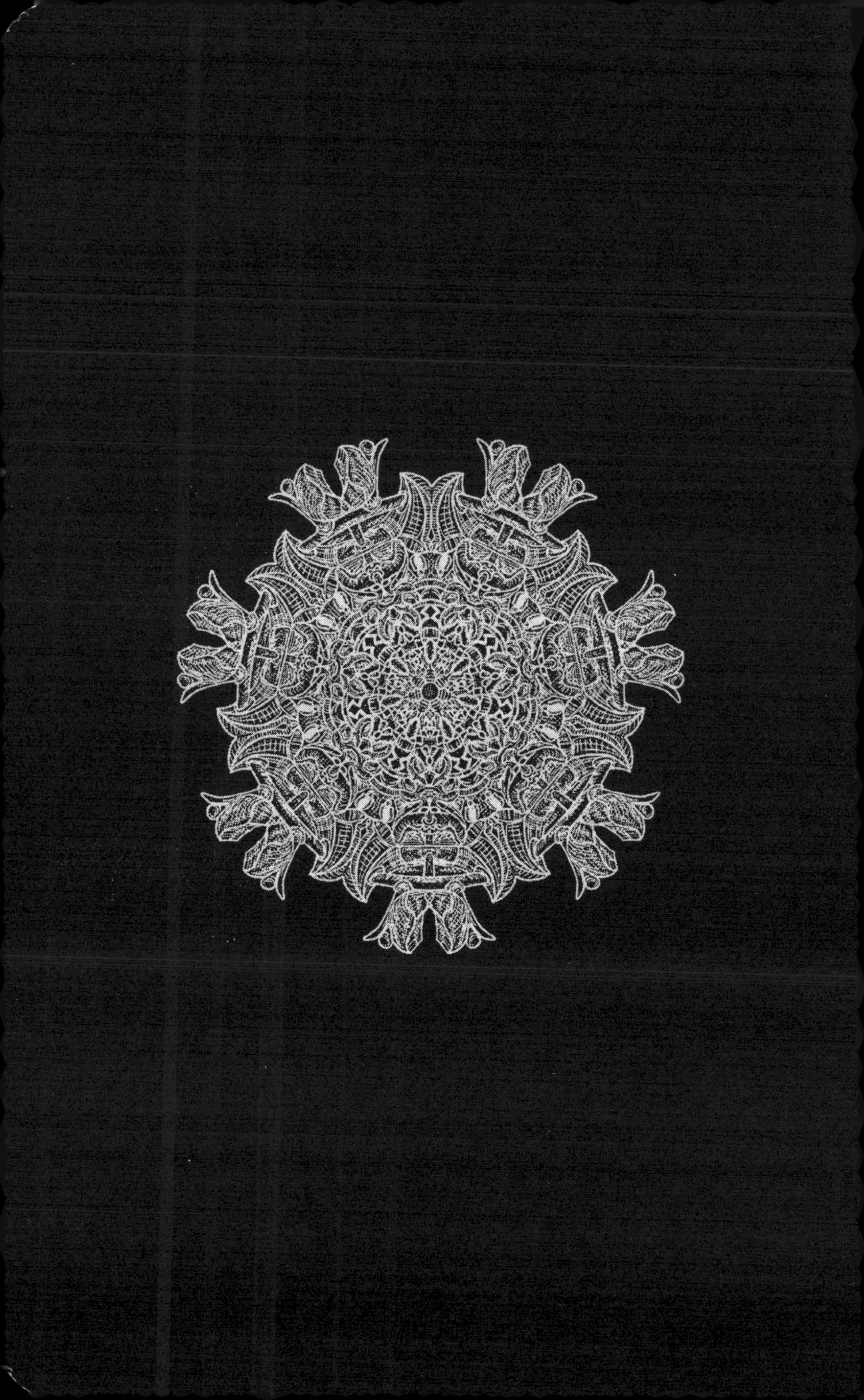

NOTA DA TRADUÇÃO

Em francês, as obras de Philip K. Dick estão reunidas em coletâneas de vários volumes. Por exemplo, os contos (novelas) encontram-se indicados por N1 e N2, que se referem aos tomos 1 e 2 da coletânea de contos, e os romances aparecem como R1, R2, R3, R4, que se referem aos volumes da coletânea de romances. Nesses casos, em seguida, há o número da página em que se encontra o texto citado.

Muitas obras foram abreviadas de acordo com edições francesas, sistema que mantivemos, de acordo com a lista abaixo (em ordem alfabética):

Clans: *Les Clans de la lune Alphane*.
E, I: *L'Exégèse*, volume I .
E, II: *L'Exégèse*, volume II.
Glissement: *Glissement de temps sur Mars*.
Larmes: *Coulez mes larmes, dit le policier*.
Maître: *Le Maître du Haut Château*.
Mensonges: *Mensonges et Cie*.
N1: *Nouvelles complètes*, tome I, 1947-1953.
N2: *Nouvelles complètes*, tome II, 1954-1981.
RLA: *Radio Libre Albemuth*.
R1: *Romans*, 1953-1959.
R2: *Romans*, 1960-1963.
R3: *Romans*, 1963-1964.
R4: *Romans*, 1965-1969.
Si ce monde: *Si ce monde vous déplaît... et autres essais*.
T: *La Trilogie divine*.
Regards: Hélène Collon (dir.), *Regards sur Philip K. Dick*.
Sutin: Lawrence Sutin, *Invasions divines. Philip K. Dick, une vie*.

No corpo do texto, no caso de obras com edição brasileira, citamos o título em português. Caso não haja tradução, mencionamos somente o título original em inglês.

No caso de citação direta, entre aspas, mantivemos o título da edição francesa de acordo com a lista de abreviação acima. Já nas notas, inserimos a edição brasileira na primeira ocorrência dos títulos traduzidos.

Onde não há referência, mantivemos de acordo com o original.

As referências bibliográficas estão indicadas no fim da obra.

INTRODUÇÃO

Sobre o delírio

Não esperava isso de você. Não mesmo. Você fala como um estudante de universidade. Solipsismo. Ceticismo. O bispo de Berkeley, e toda essa lengalenga sobre as últimas realidades.

PHILIP K. DICK

A FICÇÃO CIENTÍFICA PENSA POR MUNDOS. CRIAR NOVOS mundos, com leis físicas, condições de vida, formas vivas, organizações políticas diferentes, criar mundos paralelos e inventar passagens entre eles, multiplicar os mundos – essa é a atividade essencial da FC.[1] Guerra dos mundos, melhor ou pior dos mundos e fins do mundo são os temas recorrentes. Às vezes, esses mundos pertencem a galáxias longínquas; às vezes, são mundos paralelos aos quais temos acesso através de portas secretas ou de brechas no nosso mundo; às vezes, eles se formam depois da destruição do mundo humano. A condição é que esses mundos sejam *outros*, ou então, quando se tratar do nosso mundo, que ele tenha ficado suficientemente irreconhecível para tornar-se outro. De modo que também podemos dizer da FC que ela passa seu tempo destruindo mundos. Não contamos mais as guerras totais, os cataclismos, as invasões extraterrestres, os vírus mortais, os apocalipses, todos os fins do mundo da FC. As possibilidades são múltiplas, mas, em todos os casos, trata-se de pensar em termos de mundos.

1 Usaremos FC para ficção científica de acordo com o uso do autor de SF (*science-fiction*). (N.T.)

Em contrapartida, a FC tem dificuldade em criar personagens singulares como aqueles da literatura clássica. Não encontraremos nela nem Aquiles, nem Lancelot, nem Mrs. Dalloway. Os personagens de FC são quase sempre indivíduos comuns, estereotipados ou protótipos individualizados de forma medíocre, porque eles estão ali, principalmente, para mostrar a maneira pela qual um mundo funciona ou se danifica.[2] Eles têm apenas valor de amostragem. No caso, não importa que personagem entra em ação, contanto que ele permita que se compreenda a que leis obedece esse mundo ao qual é confrontado. Os personagens nunca são tão importantes quanto os mundos onde eles vivem. Dadas as condições desse ou daquele mundo, como os personagens se adaptam a ele? Dado um grupo de personagens, com que mundos estranhos eles se confrontam? Essas são as duas perguntas principais que animam as narrativas de FC. De um modo ou de outro, os personagens são sempre secundários em relação ao mundo em que estão mergulhados ou do qual tentam escapar.

Pode-se objetar que a verdadeira característica distintiva da FC é o recurso à "ciência", razão pela qual falamos justamente de ficção científica.[3] Ainda assim, ciência – e tecnologia – são apenas meios (que se tornaram inerentes ao gênero) que permitem nos propulsar para mundos longínquos ou nos introduzir num mundo futuro, tecnologicamente mais avançado. Talvez o recurso à "ciência" seja o que singulariza

2 Sobre esse ponto: Kingsley Amis, *L'Univers de la science-fiction*. Paris: Payot, 1962, pp. 149-151.

3 Consideramos que a expressão "ficção científica", tal como a entendemos hoje, começou a se propagar nos anos 1930, no momento em que surgem os primeiros *pulps* [revistas e livros populares].

a FC, mas não aquilo que a define. Para falar como Aristóteles, diremos que ciência e tecnologia são próprias à FC, mas não a definem.[4] Por mais importantes que elas sejam para o gênero, permanecem subordinadas à invenção, à composição de outros mundos.

Isso também explica porque a FC usa outras formas de pensamento que também concebem ou imaginam outros mundos, como é o caso da metafísica, da mitologia ou da religião. No lugar de um sonho de ciência, não haverá no fundo de todo autor de FC um sonho de mitologia, de metafísica ou de religião que se exprime através da criação desses outros mundos? É justamente porque eles concebem mundos novos que foi possível ver em Cyrano de Bergerac, Fontenelle ou Leibniz precursores da FC. Possivelmente, em filosofia, Leibniz foi mais longe nesse caminho, já que tudo ali é pensado em termos de mundos, e que o mundo real é sempre apenas um entre uma infinidade de outros possíveis.[5]

Da mesma forma, a maneira pela qual sempre invocamos hoje a FC, quando falamos dos progressos tecnológicos, das devastações da Terra, das visões utópicas ou distópicas, testemunha um pensamento por mundos, "efeitos de mundo" provocados pelos fluxos de informações. Poderíamos dizer que cada informação tem a partir daí, como horizonte, a

4 Aristóteles, *Tópicos*, A, 5, 101b-102a.

5 Mais recentemente, podemos invocar a filosofia lógica das teorias relativas aos mundos possíveis, de Saul Kripke até o realismo modal de David Lewis, que, aliás, usa muitos exemplos da FC. Sobre a história da noção de "mundo possível", cf. o artigo de Jacob Schmutz, "Qui a inventé les mondes possibles?" in *Cahiers philosophiques de l' université de Caen*, n. 42, 2006. Para uma exploração literária da teoria desses mundos possíveis, cf. Françoise Lavocat (dir.), *La Théorie littéraire des mondes possibles*. Paris: CNRS, 2010.

viabilidade, a sobrevida, a disposição, a destruição do nosso mundo e, no interior dele, as relações entre os diversos mundos humanos, animais, vegetais, minerais, do modo como eles compõem ou decompõem a unidade e a variedade desse mundo. As informações não mais se referem às partes isoladas do mundo sem considerar o estado do mundo em geral e seus limites que não podem ser ultrapassados. Não é mais cada acontecimento que está ligado por um ou mil fios ao destino do mundo, é o destino do mundo que está suspenso no curso de cada informação.

É por isso que a informação tende a desaparecer para tornar-se um *alerta*; o informante torna-se transmissor, vetor de alerta num sistema de alerta permanente e generalizado relativo ao estado político, econômico, social, ecológico do mundo, tomado na sua globalidade; informações cada vez mais alarmantes, sempre mais terríveis, apoiadas em números, sobre a destruição do mundo em curso. Não será isso inevitável, já que a viabilidade deste mundo – e dos múltiplos mundos que o compõem e lhe dão consistência – está ameaçada por todos os lados? Não somos mais informados sobre partes de mundo, mas permanentemente alertados sobre o estado geral do mundo. O efeito é devastador. Todos os cenários, todas as simulações, as hipóteses geradas, catastrofistas ou não, forçam a pensar em termos de mundo, a "globalizar" o menor dado. E, através disso, mesmo independentemente das narrativas de ficção, é que se realiza a junção entre o mundo atual e a FC, como se as informações sobre o estado presente do mundo fossem apenas uma sucessão de narrativas de antecipação sobre seu estado futuro.

•

Talvez cada autor tenha sua maneira própria de criar mundos, mas, se houve um autor que era consciente dessa necessidade, foi Philip K. Dick. "Meu trabalho é criar mundos à base de romances, uns depois dos outros. E devo construí-los de tal modo que eles não desmoronem ao final de dois dias. Pelo menos, é isso que meus editores esperam". E logo acrescenta: "Mas vou revelar um segredo para vocês: gosto de criar mundos que *realmente* caiam aos pedaços ao final de dois dias. Gosto de vê-los se desagregando e gosto de ver o que fazem os personagens do romance quando são confrontados com esse problema. Tenho uma secreta predileção pelo caos. Deveria haver mais".[6] Dick responde bem ao imperativo da FC de criar mundos, mas seus mundos têm, de fato, a particularidade de desmoronar muito rapidamente, como se não tivessem boas fundações para ficar de pé por eles mesmos ou como se lhes faltasse realidade.

Seus mundos são instáveis, suscetíveis de serem alterados, revirados a favor de um acontecimento que os atravessa e dissipa sua realidade. É o que descobre, por exemplo, um empregado que sai mais cedo para o trabalho do que de costume e vê, bruscamente, o mundo ao seu redor virar poeira. "Um pedaço do edifício despencou e virou chuva; uma verdadeira torrente de partículas. Parecia areia".[7] No local, ele descobre que uma equipe técnica, alertada sobre um problema local de dessincronização, suspendeu a realidade de uma parte do mundo para fazer um reajuste. Ou então, no conto *Peça de exposição*, um empregado dos Arquivos que está admirando uma reconstituição minuciosa do século XX é projetado no

6 *Si ce monde*, trad.mod., p. 176.

7 *Rajustement*, N1, p. 855. [Ed. bras.: "Os agentes do destino" in *Realidades adaptadas*, trad. de Ludmila Hashimoto. São Paulo: Aleph, 2020.]

interior da reprodução a ponto de se perguntar se, no final das contas, o mundo atual (estamos no século XXII) também não é uma reconstituição. "Droga, doutor... o senhor percebe que este mundo inteiro talvez seja só uma *exposição*? Que o senhor e todos os indivíduos que o povoam talvez não sejam reais? Apenas simples réplicas" (N1, p. 1169).

Ou ainda o romance *O tempo desconjuntado*, cujo personagem principal, tranquilo habitante de um vilarejo, vê o mundo à sua volta sofrer estranhas alterações. Um pequeno bar desaparece sob seus olhos, em finas moléculas, e surge no lugar uma etiqueta onde lê-se, justamente, a palavra "bar". Como o fenômeno se repete, ele decide fazer uma investigação sobre a realidade desse mundo. Que sentido dar a essas etiquetas que parecem ser indicações para um cenário? Será que estão querendo enganá-lo? Ele ficou maluco ou está no centro de um caso de manipulação? Para saber ele tenta fugir da cidade, mas "alguém" quer impedi-lo. Por que razão? "Eles tiveram um trabalho danado para construir um mundo factício à minha volta, para que eu ficasse tranquilo. Prédios, carros, uma cidade inteira. Tudo parece de verdade, mas é inteiramente artificial" (R1, p. 1094). A hipótese do arquivista da narrativa seria confirmada? O vilarejo inteiro seria uma maquete de exposição em escala humana?

Esse é um problema recorrente dos mundos de Dick. Ignoramos até que ponto seus mundos são reais ou não, se eles não vão se revelar tão ilusórios quanto um parque de atrações da Disney. Diríamos que a ambição de Dick não é construir mundos, mas mostrar que todos os mundos, inclusive o "real", são artificiais, ora simples artefato, ora alucinação coletiva, ora manipulação política, ora delírio psicótico. Isso vai ao encontro de numerosas declarações nas quais Dick afirma que todos os seus livros gravitam em torno de um único e mesmo problema: o que é a realidade?[8] O que é real? Muitos comentaristas retomaram essa questão e fizeram dela o fio condutor da sua obra para dar a ela uma dimensão ontológica ou metafísica. Mas isso não explica o que torna esses mundos tão frágeis e tão mutáveis. Como é possível que desmoronem tão rapidamente?

É que, por trás desse problema geral, está um problema mais profundo, o do *delírio*. Para Dick, delirar é criar, secretar um mundo, mas também ter a convicção íntima de que se trata do único mundo real. Nenhum autor de FC apresenta tantos personagens delirantes, constantemente ameaçados ou atingidos pela loucura. Seu universo é povoado de psicóticos, esquizoides, paranoicos, neuróticos, etc., mas também de especialistas da saúde mental, psiquiatras, psicanalistas, curandeiros paranormais. E todos encontram, num momento ou outro, a questão do delírio: doutor, eu estou delirando ou é o mundo que está se desfazendo? Aliás, o arquivista do século XXII decide consultar um psiquiatra. "Das duas uma: ou este mundo é uma reconstituição do nível R, ou eu sou um homem do século XX em plena fuga psicótica da realidade" (N1, p. 1171). Isso não vale apenas para os loucos, mas também para os consumidores de drogas e de medicamentos, para aqueles cuja memória foi roubada, aqueles cujo cérebro está controlado por entidades extraterrestres ou por um vírus. Com as guerras nucleares, a natureza irradiada também começa a delirar;

8 *Si ce monde*, p. 175: "Naquilo que escrevo, pergunto: o que é o real? Porque somos bombardeados por pseudorrealidades fabricadas por pessoas muito sofisticadas por meio de mecanismos eletrônicos muito sofisticados. Não desconfio das suas motivações, desconfio de seu poder. Elas têm muito. E é um poder surpreendente: o de criar universos inteiros, universos do pensamento. Eu deveria saber, já que faço a mesma coisa".

ela faz os corpos delirarem, como mostram as mutações aberrantes das espécies sobreviventes, como os "simbiotas" de *Dr. Bloodmoney*, "várias pessoas juntas fundidas através de um ponto qualquer da sua anatomia, compartilhando seus órgãos", um pâncreas para seis (R2, pp. 874-875). Nada escapa à potência do delírio.

Se quisermos manter a definição tradicional da FC como exploração das possibilidades futuras, então esses possíveis devem ser necessariamente delirantes. "O autor de ficção científica não percebe apenas possibilidades, mas possibilidades delirantes. Ele nunca se pergunta apenas: 'Vamos ver o que aconteceria se...'? Mas 'Meu Deus, e se um dia...'".[9] Através dessa simples descrição, Dick entrega um dos aspectos mais profundos da sua obra. Pois não se trata, para ele, de provar que tem imaginação, que pode inventar novos mundos, com novas leis físicas, meios biológicos insólitos, funcionamentos políticos utópicos. É claro que esses aspectos estão presentes em Dick, mas não são essenciais. Se as possibilidades são "delirantes", é porque elas se referem a uma loucura subjacente, a um perigo real que ameaça, a todo instante, de nos levar à loucura. Trata-se, portanto, menos de livrar-se do mundo real para imaginar novos mundos possíveis do que de descer nas profundezas do real para adivinhar que novos delírios já estão funcionando ali. Comparado a autores clássicos, Dick está muito mais próximo de Cervantes e dos delírios de Dom Quixote ou do Maupassant de *O Horla* do que das *Viagens à Lua*, de Cyrano de Bergerac ou dos romances de Jules Verne. As potências do delírio são de uma natureza bem mais inquietante que

9 Citado em Pierre Déléage e Emmanuel Grimaud, "Anomalie. Champ faible, niveau légumes", *Gradhiva*, Musée du quai Branly, n. 29, 2019, p. 12.

as possibilidades da imaginação, porque elas fazem vacilar a própria noção de realidade.

É claro que a estranheza dos mundos da FC, em geral, tende a confundir os personagens, a confrontá-los a situações irracionais como se estivessem destinadas a fazê-los perder a razão. A FC precisa dessa irracionalidade como um dos seus componentes essenciais, mesmo que tudo se explique ao final e o herói recupere a razão. Em Dick, porém, a loucura se espalha por toda parte, atinge todo o mundo, produzida tanto por extraterrestres e drogas quanto pela ordem social, pela conjugalidade ou pelas autoridades políticas. Até mesmo os objetos comuns enlouquecem e não se comportam como deveriam. Uma máquina de café não oferece mais cafés, mas sim copinhos de sabão. Uma porta não quer abrir e declara: "Os caminhos da glória só levam ao túmulo".[10] Os computadores se tornam paranoicos ou são vistos como psicóticos. "Esse monte de ferro velho pirou de vez, vimos claramente. Ainda bem que interviemos a tempo. Ele está psicótico. Está elaborando um delírio cósmico esquizofrênico a partir de arquétipos que ele considera como reais. Ele acha que é um instrumento de Deus!".[11] Achamos que estamos dando muito crédito a Dick quando fazemos dele o autor de uma pergunta ontológica ou metafísica ("o que é a realidade"?), mas, para ele, a questão é antes de tudo de ordem clínica. A dimensão ontológica e a metafísica não são simples jogos da imaginação, mas se referem a perguntas relativas à saúde mental, aos perigos da loucura.

10 *Le jour où Monsieur Ordinateur perdit les pédales*, N2, p. 1057.

11 *Guerre sainte*, N2, pp. 874-875. Em *The Day Mr. Computer Fell Out of Its Tree*, um computador passa por episódios psicóticos porque recebeu "uma quantidade excessiva de dados aberrantes".

Compreendemos que ele, que também escrevia romances clássicos, "realistas" (em que, aliás, também se encontram personagens delirantes), tenha se tornado autor de FC. Talvez o realismo do romance clássico privasse, justamente, o delírio da sua força. Se aceitarmos a suposição de que existe um só mundo chamado de "real", então os delírios serão forçosamente tratados como realidades secundárias, relativas, patológicas, ou seja, "subjetivas". Se, por outro lado, confiarmos na definição clássica da FC como exploração dos mundos possíveis, não seremos mais obrigados a atribuir a menor primazia ao mundo "real", mesmo que, de fato, a maior parte dos autores de FC preserve um realismo próprio ao seu mundo. A vantagem da FC para Dick é que o mundo real é apenas um mundo entre outros, nem sempre o mais "real" deles.

Em que consiste a força do delírio? Certamente, podemos conceber o delirante como separado da realidade comum, fechado no "seu" mundo, com suas alucinações, julgamentos errôneos e crenças extravagantes. O critério não é a ideia delirante tomada em si mesma – qual delas não o é? –, mas a força de convicção que acompanha ideias e alucinações. Nenhuma evidência, nenhum desmentido, nenhuma demonstração consegue abalar essa convicção. Concebido dessa maneira, o delírio se define como uma criação de mundo, mas de um mundo privado, "subjetivo", solipsista, ao qual nada corresponde no mundo "real", a não ser os elementos que "apontam" na direção do delírio. O sujeito delirante habita o interior de um mundo privado cujo centro ele ocupa soberanamente.

O psicólogo Louis A. Sass se surpreende com o seguinte paradoxo: como é que sujeitos delirantes admitem a realidade de certos aspectos do mundo exterior, quando eles mesmos estão em contradição com seu próprio delírio?

“Até mesmo os esquizofrênicos mais perturbados podem conservar, inclusive no auge de seus episódios psicóticos, uma percepção bem fina, segundo o senso comum, do que é sua situação objetiva e verdadeira. (...) Eles parecem viver em dois mundos paralelos, mas separados: a realidade compartilhada e o espaço das suas alucinações e delírios”.[12] Como eles conseguem fazer coexistir esses dois mundos? Isso se deve a uma outra característica do delírio: o sujeito delirante considera o mundo “objetivo”, real ou comum, como *falso*. Insistimos, com mais frequência, no fato de que o delírio evolui em um mundo irreal, extravagante, desligado de toda realidade exterior; negligenciamos, porém, a contrapartida, isto é, que, quando ele entra em contato com o mundo exterior, o que faz às vezes com a melhor boa vontade do mundo, acha estar sendo confrontado a um mundo falso, artificial ou ilusório. O paradoxo, então, se resolveria assim: o delirante aceita interagir com o mundo “real”, mas é porque não acredita na sua realidade. Ele não se submete à realidade desse mundo, ele entra no jogo.

Em vez de um paradoxo, não deveríamos ver ali uma luta, a perpetuação de uma luta já antiga entre o louco e o psiquiatra? Ao delirante, o psiquiatra repete sempre: *você não está no real*, seus delírios são totalmente ilusórios. O delirante então responde ao psiquiatra: “*Você não está no verdadeiro*, sua realidade é totalmente falsa”. O primeiro coloca o problema em termos de realidade, o segundo em termos de verdade.[13] O argumento do psiquiatra consiste em dizer: “Não

12 Louis A. Sass, *Les paradoxes du délire*. Paris: Ithaque, 2010, p. 48.

13 Michel Foucault, *Le Pouvoir psychiatrique.* Paris: Gallimard/Seuil, 2003, pp. 131-132 [Ed. bras.: *O poder psiquiátrico – Curso dado no Collège de France (1973-1974),* trad. de Eduardo Brandão. São Paulo: Martins Fontes, 2006]:

há nada no seu mundo que possamos considerar como real". O argumento do louco consiste em dizer: "Não há nada no seu mundo que não possa ser considerado como factício". Um faz valer a autoridade do princípio de realidade por suas exigências, o outro aciona as potências do falso nos seus delírios.

Sob certos aspectos, é uma forma próxima da luta que Foucault descreve nas suas aulas sobre *O poder psiquiátrico*. O que o psiquiatra quer é, antes de tudo, impor ao louco uma forma de realidade através de todos os meios de que ele dispõe no interior do hospital psiquiátrico, a ponto que a "disciplina hospitalar é, ao mesmo tempo, a forma e a força da realidade".[14] Mas o louco não deixa de reconduzi-lo à questão da verdade através da maneira pela qual simula sua própria loucura, "a maneira pela qual um verdadeiro sintoma é uma maneira de mentir, a maneira pela qual um falso sintoma é uma maneira de estar de fato doente",[15] mas também através da maneira pela qual ele recusa a "verdade" que atribuímos ao mundo real. Vontade contra vontade: a convicção inarredável do delirante contra a certeza inamovível do psiquiatra.

Certamente Dick não era louco, mas se sentia pessoalmente ameaçado pela loucura a ponto de ter pedido várias vezes sua internação. Além dos períodos de depressão, ele

---

"O psiquiatra, tal como vai funcionar no espaço da disciplina asilar, já não vai ser de forma alguma o indivíduo que vai olhar para a verdade do que o louco diz; ele vai, resolutamente, de uma vez por todas, passar para o lado da realidade (...). O psiquiatra é aquele que (...) deve proporcionar ao real o suplemento de poder necessário para se impor à loucura e, inversamente, o psiquiatra será aquele que deve tirar da loucura o poder de subtrair-se ao real".

14 Ibid., p. 165.

15 Ibid., p. 135.

atravessou violentos episódios psicóticos acompanhados de períodos de delírio testemunhados pela redação febril de *The Exegesis*. A partir dos anos 1970, Dick foi, de fato, confrontado com episódios delirantes e alucinatórios de tipo religioso. Ele atravessa uma série de experiências em todos os pontos semelhantes àquelas pelas quais ele faz passar seus personagens: a realidade do seu mundo se dissipa e permite que surja um outro mundo... Em vez de estar na Califórnia, em 1974, ele tem a "certeza absoluta de estar em Roma, algum tempo depois da chegada do Cristo, no tempo do Símbolo do Peixe (...). Com os batismos clandestinos e tudo mais" (E, I, pp. 83-84). A Califórnia nada mais tem de real; tornou-se um cenário, talvez até um holograma do Império Romano. Talvez estejamos apenas delirando a realidade, submetidos a aparências enganadoras que nos escondem a realidade autêntica, como pensavam os gnósticos? Talvez tenhamos falsas lembranças que se dissiparão quando chegar a ressurreição dos tempos antigos, a idade dos primeiros cristãos? Os Estados Unidos de hoje não são uma retomada, uma perpetuação do Império Romano de ontem? Talvez a queda de Nixon seja, aliás, uma manifestação do Espírito Santo?[16] Estranha escatologia que traz de volta um passado imemorial para o presente, a partir de uma anamnese sempre mais profunda e mais delirante – como a

16 Cf. a carta enviada a Ursula Le Guin reproduzida em E, I, p. 106: "Ao chegar aqui, o espírito olhou ao seu redor e viu Richard Nixon e suas criaturas, e foi tomado por tal ira que não parou de escrever cartas para Washington até que Nixon fosse eliminado (...). Você não imagina sua animosidade contra a tirania, seja aqui ou na União Soviética; ele via ali o par de chifres da mesma entidade maléfica – um único e vasto Estado-mundo cuja natureza elementar lhe aparecia claramente como oriunda da escravidão, uma perpetuação do próprio Império Romano".

filosofia soube, às vezes, propor com os gregos. Não é fácil se liberar do pensamento da ressurreição.

Dick está convencido do seu envolvimento com potências transcendentes - extraterrestres ou divinas - que possuem o poder de deturpar o real, falsear as aparências e agir diretamente nos cérebros. É o gênio maligno de Descartes que virou personagem de FC, a luta do homem de bom senso contra o senhor das ilusões. Não nos surpreendemos que o personagem principal do romance *Androides sonham com ovelhas elétricas?* chame-se, justamente, Rick Deckard[17] e viva em um mundo povoado de animais-máquinas.

Talvez fosse preciso que Dick se confrontasse com a religião, já que ela foi uma das primeiras a criar outros mundos, a povoá-los de criaturas extraterrestres (anjos, serafins, demônios), a inventar modos de temporalidade inéditos, metamorfoses corporais (imaculada conceição, transubstanciação). Um editor de FC, se tivesse que reeditar o Antigo e o Novo Testamento, proporia, aliás, dar a eles um novo título. O primeiro seria intitulado *O senhor do caos* e o segundo, *A coisa de três almas.*[18] Toda a questão é saber que tipo de ficção é, finalmente, dominante em Dick. A FC se coloca a serviço dos delírios religiosos ou Dick consegue incorporá-los à FC?

A situação é a seguinte: de um lado, uma sucessão de episódios delirantes que o protegem de um colapso psicótico, mas que perturbam o "campo da realidade"; de outro, a

17 Pode-se dizer que Deckard evoca Descartes pela sonoridade. Esse conto é a origem do filme *Blade Runner*, de Ridley Scott (1982). Deckard é o caçador de androides, talvez um androide ele mesmo. (N.T.)

18 Trata-se de Terry Carr, diretor da coleção *Ace Double*, que publicava dois romances de FC ao mesmo tempo, em posições invertidas. Cf. Sutin, p. 162.

realidade "falseada", porém, por todos os delírios que a atravessam, econômicos, políticos, burocráticos etc. Suas narrativas são como os quadros sucessivos do combate que ele trava contra sua própria loucura. É particularmente sensível, depois da série de experiências religiosas que atravessa, em fevereiro-março de 1974, quando, em *Radio Free Albemuth* e *VALIS*, ele se representa em dois personagens distintos: um que acaba, justamente, de atravessar episódios psicóticos sob a forma de experiências religiosas delirantes; o outro, autor de FC, preocupado com a saúde mental do primeiro. Encontramos ali o enfrentamento entre o louco e o médico, embora nem sempre se saiba qual é o papel de cada um. É esse mesmo combate que encontramos sempre, em Dick, entre possibilidades delirantes e realidade dominante.

O combate é tanto uma guerra dos mundos quanto guerra dos psiquismos. Não há psiquismo cuja coerência não seja perturbada pela intrusão de um outro psiquismo. Não há mundo cuja realidade não seja alterada pelas interferências de um outro mundo; pois a pluralidade dos mundos, em Dick, não se refere a mundos paralelos, justapostos, "como roupas penduradas num grande armário";[19] eles não param de interferir, de se intrometer uns com os outros, cada mundo contestando a realidade dos outros. A guerra dos mundos é, ao mesmo tempo, uma luta contra a loucura. Se há vários mundos, inevitavelmente surge a questão de saber qual deles é real. Mais uma vez, a pergunta "o que é a realidade?" não é uma pergunta abstrata, mas mostra a presença de uma loucura subjacente. É ela que atravessa essa guerra dos mundos; é ela que fissura os personagens, altera os objetos, danifica as máquinas e destrói os mundos.

19 *Si ce monde*, p. 122.

Será que isso quer dizer que Dick toma *o partido da loucura*, que ele luta pelas potências do delírio contra todas as formas de realidade dominante? Essa seria a função das "possibilidades delirantes": contestar a legitimidade dessa realidade e denunciar sua falsidade, seu arbitrário, seu artifício. Há, de fato, muitos mundos falsos nos romances de Dick. Ou será que ele toma *o partido do médico* quando quer mostrar até que ponto a realidade dominante também se fecha em múltiplos delírios – burocráticos, econômicos, políticos – que pretendem ser a única realidade, excluindo todas as alternativas (TINA)?[20] Certamente não mais se trata de ser médico no hospital psiquiátrico, mas de cuidar sempre da saúde mental – a menos que, como nos *Clãs da lua Alfa*, a Terra tenha se tornado um hospício.

20 Sigla que significa "*there is no alternative*", ou seja, "não há alternativa". (N.T.)

CAPÍTULO 1

Os mundos

TOMEMOS OS DELÍRIOS DE DOM QUIXOTE. FOUCAULT descreveu a maneira pela qual seus delírios "transformam a realidade em signo", como os seres visíveis que povoam o mundo real são metamorfoseados pelos signos legíveis do romance de cavalaria e submetidos a uma ordem imaginária.[1] Quando a transformação fracassa, Dom Quixote sempre pode acusar os bruxos, denunciar a habilidade dos sortilégios deles a fim de proteger a veracidade do seu delírio e justificá-la para Sancho. De acordo com esse princípio, se os grandes exércitos que avançam pela planície são para Sancho meros rebanhos de carneiros, é porque os bruxos o iludiram. Quando as aparências são contra ele, o delírio tapa as brechas para preservar a coesão do seu mundo. Compreendemos, então, o papel de Sancho. É ele que, ajudado pelo narrador, garante a ordem e a coerência do mundo visível. Ele é o homem do senso comum solidamente ancorado no mundo real. Ele só perde o sentido das realidades quando Dom Quixote lhe faz seus discursos delirantes. Então, ele está pronto para acreditar em tudo – e, primeiramente, que vai se tornar o rico governador de uma ilha. A repartição está feita: Dom Quixote é o homem das palavras, Sancho é o homem das coisas.

1 Michel Foucault, *Les Mots et les Choses*. Paris: Gallimard, p. 61. [Ed. bras.: *As palavras e as coisas: Uma arqueologia das ciências humanas*, trad. de Salma Tannus Muchail. São Paulo: Martins Fontes, 2000.] Cf. igualmente o artigo de Alfred Schütz de 1946, "Don Quichotte et le problème de la réalité" in *Sociétés*, De Boeck Université, v. 3, n. 89, 2005.

Na segunda parte do romance, a situação se complica, já que os personagens que eles encontram leram a narrativa das suas primeiras aventuras. Eles podem, portanto, manipular a realidade e, em consequência disso, fortalecer os delírios do cavaleiro e satisfazer as ambições do escudeiro. A realidade não é mais dada, ela é encenada. O mundo se torna um palco onde acontecem representações. Aos poucos, elas invadem todo o espaço do romance; os subterfúgios das encenações, as falsas aparências, os *trompe-l'œil* da manipulação revelam a nova teatralidade do mundo da Representação, *theatrum mundi*. Romance dentro do romance, teatro dentro do teatro, jogos intermitentes do falso e do verdadeiro, as potências do artifício substituem, definitivamente, as do maravilhoso e da lenda, quando os deuses e os seres sobrenaturais ainda intervinham no curso do mundo. Se Sancho podia lutar contra os delírios do seu senhor, ele nada mais pode contra as aparências enganosas desse novo mundo. A partir de então, apenas o narrador garante a distinção entre realidade e ilusão e a domina totalmente (assim como o leitor tem o total deleite). Ele pode brincar com o *trompe-l'œil*, manipular o cômico e a ironia, zombar das vaidades e das paixões humanas, confundir seus personagens no labirinto das aparências enganosas. O narrador não é mais o iniciado que se comunica com as potências naturais e sobrenaturais, ele tornou-se o senhor da representação e dos seus teatros.

Em todos os casos, a potência do delírio permanece contida nos limites do mundo da representação e se distribui através dos seus jogos de espelhos e de cenas que vão se encaixando umas nas outras. Por sua vez, em que momento o mundo da representação desmorona? É quando o narrador redescobre fenômenos que nem as leis deste mundo nem o jogo das aparências podem explicar, fenômenos "objetivamente" inexplicáveis. São mundos em que os mortos voltam à vida, os espectros vagueiam, os autômatos ganham vida, em que o estranho, o monstruoso, o anormal são legalmente admitidos, como no romance gótico ou nas narrativas fantásticas. Não são apenas os personagens que são loucos, é o próprio mundo que delira, que está "objetivamente" alterado por fenômenos inexplicáveis, como se nos confins desse mundo reinasse uma ordem na qual as leis da natureza não mais prevalecem.

Como poderia o narrador não ser também arrastado nesse desmoronamento? Não é só o mundo que está "objetivamente" alterado, é o narrador que foi atingido por uma confusão mental *e também começa a delirar*, como no *Horla* ou *A volta do parafuso*.[2] Torna-se impossível saber "objetivamente" se o narrador delira ou não, pois muitas são as fronteiras entre os mundos que se tornaram incertas. Há mesmo fantasmas nesse mundo ou o narrador é vítima de alucinações? Como saber, se ninguém mais pode garantir a "objetividade" da narrativa? O narrador deixa o palco da representação para descer nas profundezas da natureza onde é confrontado com novas leis físicas e psíquicas. Tanto de um lado quanto do outro, na vertente subjetiva como na objetiva, não há mais nenhuma certeza.

É isso o que encontramos em Dick, em cada uma das duas vertentes. *De um lado*, há mundos "objetivamente" delirantes, levando em conta as possibilidades que oferece a FC de criar mundos insólitos, mundos onde descobrimos, uma certa manhã, larvas extraterrestre penduradas nas árvores, onde tomamos conhecimento de que o velho amigo de

2 *O Horla*, de Guy de Maupassant (1887), e *A volta do parafuso*, de Henry James (1898). (N.T.)

sempre é, na realidade, o chefe de guerra de um planeta distante, onde despertamos num mundo paralelo no qual não existimos etc. *De outro lado*, porém, como muitas narrativas são conduzidas do ponto de vista de paranoicos, psicóticos, androides, toxicômanos, extraterrestres, a distinção entre mundo "objetivo" e mundo "subjetivo" não pode mais ser mantida.[3] Há sempre um momento em que não mais sabemos se os acontecimentos sobrenaturais dependem das leis de um novo mundo ou da loucura dos personagens.

Frequentemente há uma passagem-limite, de modo que uma visão subjetiva se transforma em uma realidade "objetiva", como *O tempo dos simulacros*, em que um pianista esquizofrênico, apavorado com a ideia de absorver todas as coisas com as quais ele entra em contato, literalmente faz desaparecer um vaso no interior do seu peito. "Ele fixou a mesa com uma persistente atenção, a boca crispada. Um vaso de rosas pálidas, colocado sobre o móvel, começou a flutuar pelo ar na direção do pianista, para penetrar, sob os olhos de todos, no interior do seu peito e desaparecer" (R3, p. 399). Inversamente, às vezes, o mundo "objetivo" é, enfim, apenas a projeção de um ou vários psiquismos, como em *Labirinto da morte*, em que tomamos conhecimento de que o estranho planeta explorado por um grupo de colonos é, na realidade, uma "projeção poliencefálica" do conjunto da tripulação que nunca deixou a nave. Ou seja, a distinção subjetivo/objetivo perde toda a razão de ser.

3 *Si ce monde*, p. 134: "Embora, inicialmente, eu supusesse que as diferenças entre os mundos viessem da subjetividade dos diversos pontos de vista humanos, logo me perguntei se não se tratava de outra coisa – se não existiriam, de fato, várias realidades superpostas, como uma sucessão de diapositivos".

Isso se deve ao fato de que seus romances adotam uma sucessão de focais definidas para serem colocadas "na cabeça dos personagens". A narrativa segue um primeiro personagem, depois um segundo, um terceiro, volta para o primeiro etc. Como diz Norman Spinrad, suas narrativas são mosaicos "de realidades que são aquelas dos personagens-ponto de vista"; não há realidade preexistente, "apenas interfaces entre uma multiplicidade de realidades subjetivas".[4] Multiplicar as focais não consiste em fazer variar as perspectivas sobre um mesmo mundo, mas sim multiplicar os mundos relativos a cada perspectiva. O universo ficcional de Dick é um "pluriverso", de acordo com o termo de William James, um universo composto de uma pluralidade de mundos.[5] Se for preciso, há drogas destinadas a "pluralizar" os mundos.[6]

Isso não quer dizer que o método narrativo de Dick tenha como finalidade mostrar que cada personagem tem uma visão singular do mundo ou que possui um mundo exclusivo. Não há nenhum relativismo em Dick. Seu método, na verdade, tem um só objetivo: trata-se de *encenar uma guerra dos mundos imaginada como guerra dos psiquismos*. Os psiquismos lutam uns contra os outros para tentar impor – ou preservar – a "realidade" do mundo deles. Como diz

4 Norman Spinrad in *Regards*, pp. 55-56.

5 Cf. Philip K. Dick in *Regards*, p. 127: "... tenho tendência a acreditar que vivemos, não em um universo, mas em um pluriverso".

6 Ver a descrição do KR-3, a droga de *Fluam, minhas lágrimas, disse o policial*, cujo "efeito é obrigar vocês a perceberem universos irreais, queiram ou não. Como já disse, milhares e milhares de possibilidades tornam-se, de repente, teoricamente reais, de modo que o sistema de percepção escolhe uma ao acaso. Não pode ser de outra maneira, senão os universos concorrentes se encavalariam e o próprio conceito de espaço desaparece".

ainda Spinrad, nem mesmo temos mais certeza de que haja um mundo comum no qual interagir, apenas intermundos no sentido em que cada mundo é uma superposição de mundos – daí a característica necessariamente multifocal das narrativas. Quando um personagem se dá conta de que não está mais no "seu" mundo porque algo de anormal está acontecendo, é sinal de que um outro psiquismo irrompeu no seu mundo, alterando sua organização. Nessas condições, como poderia um mundo se manter duradouro? A pergunta da qual Dick faz o leitmotiv da sua obra ("o que é a realidade"?) tem como fundo um campo de batalha onde os psiquismos se enfrentam com armas, principalmente "mentais": telepatia, droga, manipulação cerebral, poderes paranormais, implantações de falsas memórias, manipulações políticas, midiáticas, teológicas, psiquiátricas etc. Em Dick, todos os combates são mentais. Há algumas trocas de tiros com armas futuristas, mas não é nada se comparado aos combates travados pelos psiquismos.

É o que ilustra, com uma grande força cômica, *Os olhos no céu*, em que o mundo passa por sucessivas transformações em função dos valores morais, das convicções políticas e das crenças religiosas de cada personagem.[7] A prova de que se trata de um enfrentamento, sobretudo mental, é que todos os protagonistas estão mergulhados no coma desde o início do romance. Durante a visita organizada de um laboratório, eles foram vítimas da explosão de um acelerador de partículas. A irradiação que os atingiu produziu um

7 Essa obra – *Eye in the Sky* – foi publicada primeiramente em francês sob o título *Les mondes divergentes* (Os mundos divergentes). Em língua portuguesa, ela aparece sob os títulos: *Os olhos no céu*, *Universos paralelos* e *Conflito dos mundos*. (N.T.)

efeito inesperado: todos os personagens vão sendo sucessivamente capturados pelo universo mental de um deles, que, então, impõe sua realidade aos outros. Passamos do mundo onde vive um comunista dogmático para o de um fanático religioso, no qual um carro enguiçado dá partida com uma simples oração, onde uma blasfêmia provoca instantaneamente uma crise de apendicite – que só pode ser curada com a ajuda de água benta –, onde as televisões se ligam sozinhas na hora do sermão. "Pelo que sei, não é nada além de um universo de pirados (...). Como vocês podem viver assim? Vocês nunca sabem o que vai acontecer – não existe ordem nem lógica (...). Dependemos inteiramente Dele. Ele nos impede de viver como seres humanos – somos como animais, esperando ser alimentados, recompensados ou punidos."[8]

Entretanto a situação não é melhor quando os personagens são confrontados com o mundo de uma mãe de família paranoica ou ao de uma esteta puritana que decide, em nome da sublimação, suprimir do seu mundo toda vida sexual, julgada vil e degradante. Ela aproveita, aliás, para suprimir também as moscas, as buzinas, a carne, a Rússia, a música atonal, os gatos e as garotas pervertidas. "Ao abolir os males deste mundo, Edith Pritchett suprimia não apenas objetos, mas também categorias inteiras" (R1, p. 852). Os outros personagens decidem, então, apresentar a ela as realidades do mundo de uma forma tão repugnante que ela vai eliminando todas, umas após as outras, até que "seu" mundo acaba desaparecendo integralmente.

As condições que constituem cada um desses mundos são ditadas pelas crenças, valores e convicções de cada um dos personagens. E a realidade se transforma, em consequência

8 *L'Œil dans le ciel*, R1, pp. 802-803, 818.

disso: os negros se tornam indolentes e analfabetos, de acordo com os piores clichês racistas; as mulheres se tornam tão "assexuadas quanto as abelhas" ou se transformam em monstros devoradores; o porão de um edifício torna-se um aparelho digestivo etc. Há alguma coisa assustadora nos mundos mentais, na sua maneira de eliminar trechos inteiros da realidade comum, transformá-los, desfigurá-los até a caricatura. E, é claro, cada uma das visões apresentadas por Dick está estritamente ligada ao contexto dos Estados Unidos dos anos 1950: um fanático religioso, uma esteta puritana, uma paranoica e um dogmático radical, tudo aquilo que o personagem principal teve que sofrer no mundo real, antes da explosão.[9]

Inversamente, isso quer dizer que, se há uma realidade comum, ela se compõe de todas essas visões individuais assustadoras que podemos encontrar a todo instante no campo social, como possibilidades de mundos no mundo. Não são apenas universos de pensamento ou de discursos que fariam do campo social o lugar de confronto de ideias ou de transações diplomáticas diversas. A experiência é muito mais violenta: circulamos em um mundo familiar, comum até certo ponto; um mundo em que possuímos uma realidade efetiva até o momento em que somos projetados em um mundo novo que nos priva de toda realidade, onde somos

9 Kim Stanley Robinson, *The Novels of Philip K, Dick*. Ann Arbor, Michigan: UMI Research Press, 1984, p. 17: "Hamilton perdeu seu trabalho na indústria da defesa porque começara a simpatizar, vagamente, com os socialistas. Seu amigo perdeu o trabalho porque é negro. Percebemos que o *koinos cosmos* [mundo compartilhado] é composto de visões individuais semelhantes àquelas que Hamilton acaba de ter. São, proporcionalmente, o fanatismo religioso, a pudicícia moralizante, a paranoia angustiada e o extremismo político".

percebidos apenas como uma caricatura, um acessório, uma vaga presença insignificante ou nociva, ou nem somos mais percebidos, somos invisíveis; um mundo onde não temos mais direito algum, tanto que as condições mudaram, como em *Fluam, minhas lágrimas, disse o policial*, no qual o personagem principal oscila em um mundo em que ele não existe, no qual nunca existiu. Só que não se trata de um pesadelo, mas da própria realidade, de uma parte ou um segmento de mundo, com suas condições de existência específicas. Mundo fechado da loucura religiosa, do ódio paranoico, do puritanismo moral e muitos outros mais. Estamos no mundo "deles". E compreendemos por que o personagem principal, no final de *Os olhos no céu*, decide mudar de vida: para mudar de mundo. O mundo comum no qual ele viveu até então sempre foi apenas o núcleo de convergências dos quatro mundos assustadores que ele atravessou: *consensus gentium*[10] ou os Estados Unidos em pleno macarthismo.

Deixamos, definitivamente, o grande palco do *theatrum mundi*. O mundo não é mais um espetáculo que está sendo representado, no qual cada um interpreta seu papel como se fosse um ator. Ele se tornou um hospital psiquiátrico, *asylum mundi*; as réplicas dos atores foram substituídas pelo delírio dos psiquismos. O jogo controlado das falsas aparências e das ilusões foi substituído pelas angústias oriundas de uma realidade incerta, indecisa. Os indivíduos foram todos desterritorializados, defasados, inadaptados em relação ao mundo. Não é necessário explorar as galáxias

10 Consenso universal: antigo critério de validação da verdade que expressa um acordo de todos os homens quanto a uma ideia ou opinião, que seja aceita como verdadeira só pelo simples fato de ser defendida por todos. (N.T.)

para encontrar extraterrestres. Os homens são – literalmente – extraterrestres. "Quanto mais aprendo sobre a maneira de pensar do outro, mais me parece universalmente verdadeiro que cada um tem um outro mundo em si e ninguém tem, verdadeiramente, seu lugar no mundo como ele é. Em outras palavras, somos todos estrangeiros nesta terra; nem um só de nós pertence verdadeiramente a esse mundo; e ele também não nos pertence. A solução é satisfazer às exigências do nosso outro mundo por intermédio deste".[11]

Isso já vale para cada um dos mundos de *Os olhos no céu*, mas é ainda mais verdadeiro em *Clãs da lua Alfa*. Alfa é uma lua na qual vivem diversas populações sob o distante controle da Terra. Elas ignoram que sua lua é uma antiga "base-hospital, um centro de cuidados psiquiátricos para os imigrantes terrestres que não suportavam mais as exigências, anormais e excessivas, da colonização intersistema" (R3, p. 861). E como ignoravam que estavam internadas, explodiram o hospital que acreditavam ser um campo de concentração. Rapidamente, conseguiram formar uma sociedade viável, regida por um sistema de castas, prova, segundo elas, da sua sanidade mental. Encontramos ali os Paranoicos (clã dos paranoicos rígidos), os Maníacos (clã dos maníacos, inventores e guerreiros), os Esquizoides (clã dos esquizofrênicos visionários e místicos que vivem com os Hebetizados – os hebefrênicos, trabalhadores manuais extáticos) e ainda os Infantilistas e os Depressivos (detestados por todos os outros clãs).[12]

11 Citado por Sutin, p. 191.

12 Os nomes dos clãs estão de acordo com a seguinte tradução brasileira: Philip K. Dick, *Clãs da lua Alfa*, trad. bras. Terezinha Batista dos Santos. Rio de Janeiro: Francisco Alves, 1987. (N.T.)

Como, na Terra, a CIA desconfia da inventividade dos paranoicos no domínio político e militar, as autoridades decidiram retomar o controle dessa lua. "Francamente, achamos que, potencialmente, não pode existir nada mais perigoso do que uma sociedade na qual os psicopatas predominam, definem os valores, controlam os meios de comunicação. Pode resultar disso quase tudo o que vocês quiserem - um novo culto religioso de fanáticos, uma concepção de Estado nacionalista paranoico, uma força destrutiva bárbara - e essas eventualidades bastam por si só para justificar nossa investigação sobre Alfa III M2" (R3, p. 872). Quanto a eles, o conjunto dos clãs, governados, de fato, pelos paranoicos, teme uma agressão dos terrestres. "Eles vão, novamente, nos tornar *pacientes*" (R3, p. 981).

Compreendemos logo aonde Dick quer chegar. É evidente que essa lua é apenas um duplo, uma imagem da Terra. "Qual é a diferença entre essa sociedade e a nossa, na Terra?", pergunta um dos personagens (R3, p. 920). Os terrestres, pelo menos, são tão paranoicos quanto seus inimigos e também vivem numa base-hospital cheia de esquizofrênicos e depressivos; eles também são governados por paranoicos e administrados por obsessivos compulsivos. *Asylum mundi*. Como em *Os olhos no céu*, a realidade terrestre é apenas o cruzamento de diversas patologias mentais e seus delírios. Se todos os mundos param de funcionar, em Dick, é porque eles revelam as patologias dos psiquismos que tomaram conta deles.

CAPÍTULO 2

A causalidade

SE A REALIDADE SE DECOMPÕE EM UMA PLURALIDADE DE mundos diversos que não param de interferir uns com os outros, é compreensível que todas as categorias clássicas que organizam a "realidade" se fragmentem. Como poderia existir um regime causal universal se, neste mundo, acontecem fenômenos que obedecem às leis de um outro mundo? Como os personagens podem ter certeza da sua identidade se seu psiquismo está sob o domínio de outros psiquismos? E como seria possível que o espaço e o tempo também não estivessem submetidos a distorções? "Ano após ano, romance após romance, fui perdendo uma ilusão após a outra: o si, o tempo, o espaço, a causalidade, o mundo..." (E, I, pp. 628-629). Se as narrativas de Dick testemunham a destruição dos mundos, é porque as categorias que organizam sua realidade perdem seu valor de princípio.

As diversas perspectivas de *Os olhos no céu* já se apresentavam como uma crítica da realidade concebida como um conjunto de normas sociais ao qual cada mundo privado submete suas percepções, suas crenças e seus comportamentos, a realidade como *consensus gentium*. Como pode haver um mundo comum, se ele foi "privatizado" por todos aqueles que impõem suas condições de existência para fazer dele o "seu" mundo: poderes políticos, econômicos, complexos industriais, autoridades militares, religiosas? Mesma coisa quando a realidade é concebida a partir de sua historicidade, como narrativa daquilo que *realmente* aconteceu. A história pode ser reescrita, falsificada. Podemos até mesmo criar falsos arquivos, como em *A penúltima verdade*, quando o poder político cria várias versões da Segunda Guerra Mundial.

A FC se livra com frequência do peso da realidade histórica, já que a maioria das narrativas começa quando a história da humanidade sobre a Terra acabou, como na famosa psico-história de Asimov, da série *Fundação*. É a razão de ser da maioria das catástrofes que abrem para a FC os possíveis de uma *pós-história*. Diríamos também que não existe FC sem *pré-história* ou *proto-história*, como mostra a obra pioneira de Rosny aîné que alterna romances de FC e romances pré-históricos. Imaginar um futuro além da história é a mesma coisa que imaginar um passado aquém da história. Muitos autores de FC reativam assim um fundo arcaico anterior ou posterior à história. A obra de Dick não foge da regra, já que encontramos ali tribos primitivas marcianas (os bleeks de *O tempo em Marte*) ou os neandertalianos (em *O tempo dos simulacros*). Pré-história, pós-história ou ainda *alter-história*, segundo a maneira pela qual Dick imagina que a Alemanha nazista e o Japão ganharam a Segunda Guerra Mundial, em *O homem do castelo alto*.

Em todos os casos, trata-se de se desfazer do determinismo da realidade histórica, de uma trama causal na qual o possível não tem lugar. É claro que muitos autores conservam uma trama causal no interior dos mundos que eles inventam, mesmo que ela não tenha relação com nosso mundo.[1] Não é o caso de Dick. Desfazer-se da realidade presente e passada é, para Dick, inseparável do questionamento do princípio de causalidade que a subentende. "Na minha visão

1 Nesse ponto, faremos referência às observações essenciais de Quentin Meillassoux, *Métaphysique et fiction des mondes hors-science*. Paris: Aux forges de Vulcain, 2015.

do mundo (minha cabeça) não há lugar para a causalidade tal como costumamos entendê-la – e lembro-me do meu dilema, quando descobri, aos 19 anos, que eu não via, literalmente, a causalidade, ao contrário das outras pessoas" (E, I, p. 397).

Se, no começo, ele se inspira no probabilismo da teoria dos jogos, como em *Loteria solar* – em que o poder político é atribuído aleatoriamente a um cidadão qualquer por meio de uma roda da fortuna atômica –, é porque ele oferece um leque de possibilidades que o tira do determinismo causal e permite, a todo instante, transformar o mundo. "Não havia mais estabilidade; o universo se resumia a um fluxo perpétuo. Ninguém sabia o que ia acontecer depois... O conceito de causalidade desapareceu do pensamento humano. Os homens deixaram de acreditar que podiam controlar seu meio ambiente; restava apenas o cálculo das probabilidades: boas oportunidades em um universo entregue a um acaso anárquico" (R1, p. 52).

Afrouxar a trama do determinismo causal, substituir o provável pelo necessário não era o bastante. Quanto mais ele avança na sua obra, mais os mundos obedecem não às leis de um mundo físico qualquer, mas aos princípios – variáveis – que regem os psiquismos. A obra de Dick é profundamente idealista nesse sentido. Dada uma série de acontecimentos inexplicáveis, a pergunta não é "qual é a causa?", mas "*quem* está por trás de tudo isso?". O idealismo de Dick é um outro nome da paranoia. A rigor, para conhecer as leis às quais obedece um mundo, em Dick, não é necessário procurar estabelecer relações constantes entre os fenômenos que o compõem, é preciso antes sondar as profundezas do psiquismo que controla suas aparências. No final das contas, durante uma missão interestelar, precisaremos mais de um psicanalista que de um físico.

Seria ainda melhor se os dois unissem suas forças e propusessem um conceito reunindo seus respectivos domínios e juntando as leis da matéria e as leis do espírito. Talvez seja isso que atraiu Dick para a noção de "sincronicidade" - criada pelo físico Pauli e retomada pelo psicanalista Jung -, que ele descobre, no começo dos anos 1960, no prefácio de Jung para a edição inglesa do *I Ching*.[2] Ela é o agente central da trama de *O homem do castelo alto*, que Dick redige justamente com a ajuda do *I Ching*. O *I Ching* se baseia na suposição de que todos os acontecimentos que compõem o estado do mundo, em dado momento, estão ligados entre si e formam uma configuração única cujo sentido será revelado àqueles que consultam o livro. A "sincronicidade" designa exatamente essa configuração momentânea formada pela totalidade de todos os acontecimentos, tanto físicos quanto psíquicos. Não há mais acaso, apenas coincidências "significativas" que o *I Ching* permite decifrar, se soubermos interpretar o oráculo. Não é mais o caso de se inserir na trama de um regime causal universal, mas de compreender o lugar que ocupamos na transformação do mundo em curso e qual será nossa participação nele.

Em *O homem do castelo alto,* Dick recorre ao *I Ching* para substituir metodicamente a causalidade pela sincronicidade. Sabemos que o romance descreve um mundo alternativo no qual a Alemanha e o Japão ganharam a Segunda Guerra Mundial e dividiram os Estados Unidos entre si. A costa

2 Dick descobre o *I Ching: o livro das mutações* através do seu interesse de longa data por Jung. Foi em 1949 que Jung redigiu a introdução para a tradução inglesa do *I Ching* que ele liga à sua teoria da sincronicidade (cada um dos hexagramas é a expressão de arquétipos inconscientes). Sobre esse ponto, cf. Sutin, pp. 253, 254.

leste é governada pela Alemanha nazista; a oeste, pelo Japão. Sob a influência da cultura oriental, é comum consultar o *I Ching* e organizar a percepção do mundo segundo suas sincronicidades. Mas com que se parece uma relação desse tipo? Em que ela é diferente de uma relação causal? Isso se observa quando dois personagens exercem uma influência um sobre o outro, embora não exista nenhuma ligação causal entre eles. Por exemplo, um dignitário japonês profundamente abalado - porque acaba de matar dois oficiais nazistas com uma cópia de um Colt 44 - se recusa a assinar o formulário de deportação de um judeu que ele desconhece, mas que o leitor sabe que é justamente o artesão que fabricou a arma em questão. Os dois homens não se conhecem, não vão se encontrar, mas suas ações tornam-se "significativas" - sem saber, eles salvaram a vida um do outro - por causa da sua participação nessa singular configuração de mundo.[3]

De acordo com o *I Ching*, é mais do que uma coincidência ou um "acaso objetivo" à maneira de Breton.[4] Acontece que naquele dia os dois personagens obtiveram o mesmo hexagrama ao consultar o *I Ching*. Portanto é o *I Ching* que os liga, e não um simples concurso de circunstâncias. É ele que distribui as configurações dos acontecimentos, os estados sincrônicos do mundo. Ou seja, *é ele que ocupa o lugar do psiquismo*. "Seguimos os preceitos de um livro escrito há cinco mil anos. Fazemos perguntas como se ele estivesse vivo. Ele

3 Sobre a relação entre causalidade e sincronicidade, em Dick, cf. o importante artigo de Katherine Hayes, "Metaphysics and Metafiction in *The Man in the High Castle*" in M. H. Greenberg, J. D. Olander (dir.), *Philip K. Dick*. Marlboro, Nova Jersey: Taplinger, 1983, pp. 53-72.

4 Noção central para o surrealismo de Breton: "forma de manifestação da necessidade", espécie de premonição. (N.T.)

está vivo. Assim como a Bíblia dos cristãos. Há, na verdade, vários livros vivos. E não é uma metáfora. Eles são animados por um espírito. Vocês entendem?".[5] *Deus ex liber.* Ele é *O livro das mutações*, a máquina que distribui os acontecimentos e revela suas sincronicidades. Graças a ele, partes do mundo causalmente independentes entram em interação e os personagens compreendem o papel que eles interpretam na vasta configuração do todo.

No entanto é preciso ir mais longe, pois a sincronicidade não se exerce apenas entre diversas partes de um mesmo mundo, ela também se exerce *entre mundos diferentes*. É assim que, da mesma forma que Dick escreve a história de um mundo alternativo, assim também, em *O homem do castelo alto,* circula cladestinamente um romance de FC – *O gafanhoto torna-se pesado* – no qual o autor imaginou que foram os Aliados que ganharam a guerra. Se, para o leitor, *O homem do castelo alto* descreve um mundo alternativo ao seu, inversamente, para os personagens do romance, é nosso mundo que é uma alternativa do deles. Cada mundo é uma imagem invertida do outro, assim como a imagem virtual de um espelho está separada do mundo real que ela reflete. E mais uma vez é o *I Ching* que faz sincronicamente a comunicação entre os dois mundos.

Testemunha disso é a experiência que tem o dignitário japonês hipnotizado pela contemplação de uma joia (aliás, também fabricada pelo artesão judeu). Por um breve

5 *Maître*, p. 96. [Ed. bras.: *O homem do castelo alto*, trad. de Fábio Fernandes. São Paulo: Aleph, 2019.] A ideia dos "livros vivos" volta com frequência em Dick. Encontramos até mesmo livros cujo texto se reescreve à medida que a realidade se modifica (cf. *Nick et le Glimmung* e *Ne pas se fier à la couverture*, N2, p. 900 sq.). [Ed. bras. "Não julgue pela capa" in *O vingador do futuro*. São Paulo: Pauliceia, 1991.]

momento, ele é projetado no mundo em que os Aliados ganharam a Segunda Guerra Mundial. Monólogo interior do dignitário japonês: "É o momento de meditar sobre as palavras incisivas de São Paulo... vemos através de um espelho, de maneira obscura" (*Maître*, pp. 306-307). Os dois mundos entram em comunicação de acordo com uma sincronicidade expandida que se sobrepõe aos mundos. Torna-se, então, evidente que cada mundo se ressente do mundo alternativo que ele poderia ter sido e do qual continua carregando nas costas as potencialidades. O nazismo não é uma possibilidade morta, extinta pela realidade histórica, ele continua nas fronteiras do presente dos Estados Unidos dos anos 1950. O que é que sobrevive do nazismo numa realidade que pretende ter acabado com ele?

A questão de *O homem do castelo alto* não é, portanto, apenas "o que seria o mundo se os nazistas tivessem ganhado a guerra?", mas "o que eles ganharam, num mundo onde, entretanto, foram vencidos?". Diríamos que cada mundo toma algo emprestado do outro e o contamina em virtude do princípio de interconexão de todos os acontecimentos, como ilustra a reportagem fotográfica da *Life* sobre uma família comum de nazistas diante da televisão (pois, nesse mundo, foram os nazistas que inventaram a televisão), como uma típica família americana. Foram os nazistas que, sem saber, adotaram a estética kitsch das revistas americanas ou foram as revistas americanas que se inspiraram na propaganda nazista e sua idealização da família ariana? Ou será que existe uma zona intermediária, imprecisa, entre os dois mundos que testemunha sua sincronicidade? "através de um espelho, de maneira obscura"?

O princípio de causalidade não pode responder a essas perguntas; ele não pode explicar como aquilo que só existe eventualmente pode, no entanto, agir sobre um estado de coisas dado, fora de qualquer causalidade. É justamente isto que Dick procura por meio da prática do *I Ching*, um sistema que estabeleça a comunicação entre mundos divergentes ou alternativos em vez de impor a existência de um único mundo cujos fenômenos estariam submetidos a uma ordem causal constante e uniforme. Ou seja, ele procura um sistema de explicação que não se baseie mais na ação causal de existências *atuais*, como é o caso no mecanismo universal, mas que esteja sob a influência de realidades *virtuais* ou *eventuais*, como é o caso nos psiquismos.[6] Por isso, aos olhos de Dick, o *I Ching* é mais que um livro; é, ao mesmo tempo, uma divindade, um livro vivo, um psiquismo, um megacomputador e um texto-máquina. Aquele que faz a consulta fornece os dados (através das suas sucessivas consultas semialeatórias) e o livro responde através dos seus oráculos.[7]

Algumas vezes se disse do idealismo que ele apresenta o mundo como um livro cujos signos precisam ser decifrados

6 O conto *Le banlieusard* (N1, p. 696) [Ed. bras. "O passageiro habitual" in *Sonhos elétricos*, op. cit.] explora um tema próximo, o de um possível tão perto de ser realizado (o projeto de construção de uma cidade recusado apenas por um voto) que ele adquire uma forma de existência, ao menos para um personagem – ele mesmo evanescente – que quer visitar essa cidade quase real. "Algumas partes do passado talvez ainda estivessem instáveis", o que permite a existência do possível numa zona intermediária. O homem consegue chegar à cidade inexistente, mas receia tornar-se irreal, por sua vez, se insistir na aventura.

7 Ver, igualmente, o que ele diz mais tarde da Torá (E, II, p. 260): "Tudo está escrito, e desde o começo, assim como sabem os judeus graças à revelação contida na Torá. Na origem, a história sagrada é informação (...). *O mítico é uma chave de entrada na narrativa sagrada.* Ele funciona da mesma maneira que um computador, um comando "entrar" para um programa informático dado".

para que se compreenda a gramática de Deus. Como o bispo de Berkeley, o idealista é aquele que *lê* o mundo através das ideias que forma dele como sendo expressões da linguagem divina. Mas Dick escreve em uma época na qual as telas substituem o livro, de modo que o idealista não lê mais; é preciso então imaginá-lo diante das telas, televisores ou computadores. Ele não decifra mais uma linguagem, ele analisa informações. Deus não fala mais diretamente ao mundo através de ideias e coisas-signo, como em Berkeley; ele transmite informações a cérebros-tela, o que faz com que a realidade, a partir de então, possa ser manipulada e projetada sob forma de hologramas enganadores. É uma das (múltiplas) hipóteses de *The Exegesis*. "Desse modo, nossos pequenos sistemas psiquê-mundo são permanentemente bombardeados de informações que modificamos e depois retransmitimos na hora certa, aos bons difusores e da maneira correta – mas tudo isso acontece através de nós, como se nós fôssemos transistores, diodos, condensadores e resistências que nada percebem" (E, I, p. 621).

Desse ponto de vista, as teorias da informação suplantaram o velho idealismo, mas elas fazem o mesmo papel do *I Ching*; substituem a relação de causa/efeito por uma relação do tipo emissor/receptor que se assemelha a uma relação entre psiquismos. A natureza torna-se análoga a um psiquismo – ou a um deus – do qual é preciso decifrar as mensagens e os códigos, como a biologia fez com o DNA. Deus não é mais o grande mestre da causalidade; ele deixou de ser um artesão, um relojoeiro ou um gramático e se tornou programador. Talvez possamos tirar a conclusão de que todos os problemas se tornam problemas de comunicação e que, para resolvê-los, basta favorecer novas formas de diálogo, instaurar parlamentos especiais ou instâncias diplomáticas, mas Dick não faz isso por causa da incessante guerra entre os psiquismos. E se em *The Exegesis*, assim como em certos romances, há uma luta entre várias divindades, tudo o que estará em jogo nessa luta será a informação, como em Wiener.[8] Informação verdadeira da Torá, do Cristo, de Dionísio ou de Brama contra as falsas informações, as falsificações dos falsos deuses ou dos impérios (romano e americano). Eles não se dirigem mais ao espírito, como em Berkeley; eles atingem diretamente os cérebros, como fazem as drogas. Nos romances de Dick, os traficantes são tão poderosos quanto os deuses, já que eles fornecem mundos paralelos assim como os deuses são fornecedores de realidades.

8 Cf. Norbert Wiener, *Cybernétique et société*. Paris: Seuil, "Points Sciences", 2014, p. 66-67 [Ed. bras.: *Cibernética e sociedade*, trad. de José Paulo Paes. São Paulo: Cultrix, 1968], em que a luta da informação contra a desordem remete a uma luta teológica do cientista contra dois tipos de divindade (maniqueísta ou agostiniana).

CAPÍTULO 3

A coisa pensante

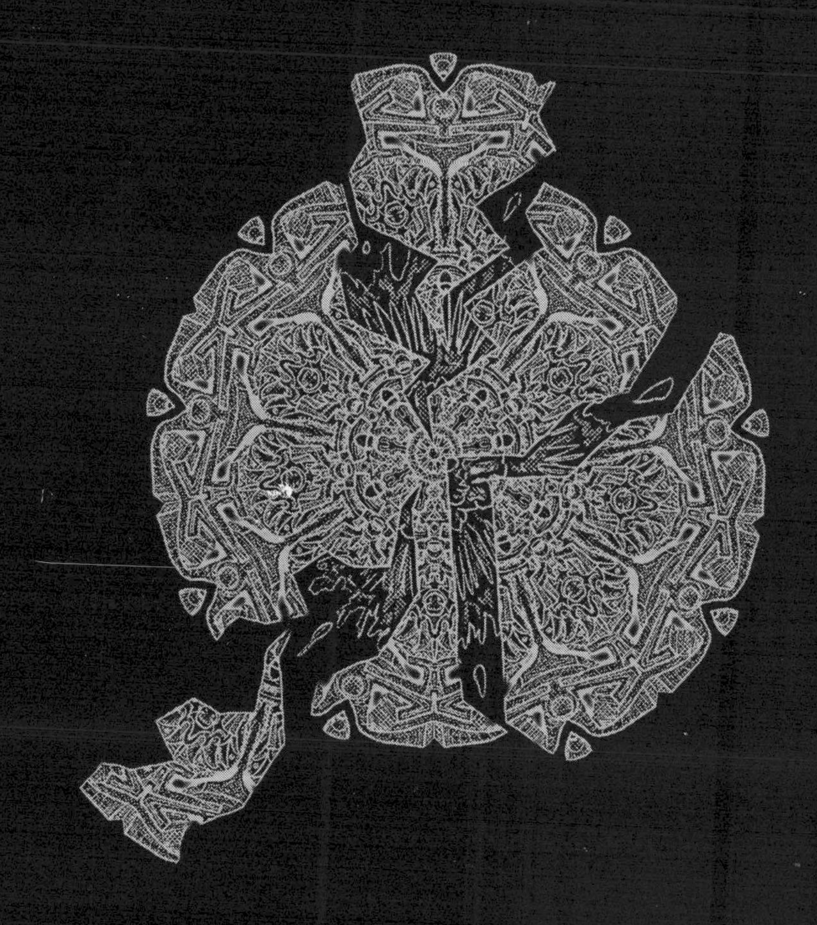

NUM UNIVERSO DE MUNDOS SUPERPOSTOS, ONDE ACONTECIMENTOS "improváveis" tiram do princípio da causalidade seu valor de princípio, como podem os personagens ter certeza da sua identidade? Como o princípio de identidade (eu = eu) não estaria também ameaçado, por sua vez? Como os personagens não seriam profundamente afetados pela intrusão de outros mundos no mundo deles? Se o princípio de realidade e o princípio de causalidade desmoronam, como não arrastariam na sua queda o princípio de identidade? Como *todas as noções perdem seu valor de princípio*, os personagens não compreendem mais o que está acontecendo com eles; não sabem mais se estão vivendo em um mundo real ou ilusório e começam a duvidar tanto da sua identidade ("quem sou eu?") quanto da sua natureza ("o que sou?").

Nas suas meditações, Descartes concluía da atividade do "Eu penso" pela substancialidade do "eu" como coisa pensante. Em Dick, nada garante que o "Eu" em questão não esteja sob a influência de uma droga, de um poder paranormal ou de pulsões saídas das profundezas do inconsciente. Nada me garante que "Eu" seja mesmo eu. É até possível que o "Eu" se torne uma espécie de intruso, "como se uma outra pessoa, um outro espírito pensasse dentro de você. Mas de uma maneira que difere dos seus habituais procedimentos. Como palavras de uma língua estrangeira que você ignora".[1] O que me garante, de fato,

1 *Substance mort*, p. 165. [Ed. bras.: *O homem duplo*, trad. de Daniel Lühmann. São Paulo: Aleph, 2020.]

que meus pensamentos não venham de uma entidade que controla meu cérebro?

Descartes descobria o eu independentemente de qualquer mundo. Era preciso suspender a existência do mundo para que o eu se manifestasse na sua própria substancialidade. Mas, para Dick, o problema é outro, colocado em termos quase inversos. Se o mundo desaparece, isso quer dizer que o eu também perdeu toda a substancialidade, que se dissolveu, mostrando a estreita correlação entre o eu e o mundo. "*Éramos* o mundo no qual vivíamos; quando ele desaparecia, parávamos de existir."[2] Isso também acontece porque, diferentemente do que se passa em Descartes, a existência do mundo não está provisoriamente suspensa; o mundo desaparece totalmente e, então, surge uma nova realidade. "Ele podia ver as pessoas e o lugar. Mas não podia identificar que lugar era aquele nem as pessoas – e se perguntou se a falha que o separava do mundo que lhe fora familiar era tão grande que o havia engolido; sua própria identidade psíquica, seu eu normal tinha sido suprimido para ceder lugar a um outro conjunto de matéria."[3]

A alteração ou o desaparecimento do mundo é sinal de uma profunda desordem psíquica, frequentemente interpretada nos termos da psicanálise junguiana – que inspira bem mais Dick do que a psicanálise freudiana. Do fundo do inconsciente coletivo que forra o psiquismo, surgem imagens primordiais, arquétipos ancestrais recalcados que configuram o mundo até dar a ele uma forma alucinatória.[4]

2 *Le retour du refoulé*, N2, p. 797.

3 *Mensonges*, p. 149.

4 Cf. *Message de Frolix 8*, p. 968 [Ed. bras.: *Nossos amigos de Frolix 8* (ed. eletrônica), trad. de GNO-SYS. Exilado dos Livros, 2013. Disponível em:

Essa memória coletiva condiciona todas as histórias individuais apesar dos recalques. Em Dick, delírios e alucinações vêm sempre de mais longe do que a história individual. "Ele recalcou tudo, mas tudo ainda está lá, roendo-o como um cachorro mordendo o tapete."[5]

A vantagem das teses junguianas, a seus olhos, é que o inconsciente tem uma dimensão imediatamente coletiva e social, até mesmo cósmica, de modo que as perturbações psíquicas se revestem de imediato de um caráter sociopolítico, isso quando elas não vêm de um fundo ainda mais arcaico. Não são os traumas individuais, mas a sociedade contemporânea que produz neuróticos, perversos, depressivos, esquizofrênicos, paranoicos – sobretudo paranoicos –, e todos se sentem ameaçados por esse fundo pulsional coletivo enfurnado nas profundezas do psiquismo. "A esquizofrenia era uma doença importante que, mais cedo ou mais tarde, atingia quase todas as famílias. Ela caracterizava simplesmente uma pessoa que não podia mais se adequar às exigências implantadas nela pela sociedade. A realidade da qual fugia o esquizofrênico – ou melhor, à qual ele não se adaptaria nunca – era a realidade da vida comunitária, da vida em uma determinada cultura, regida por valores dados."[6]

<https://br1lib.org/book/5649274/cb5719>. Acesso em: 06 jan. 2022]: "Jung insistiu no fato de que um desses arquétipos era suscetível, a todo instante, de absorver você? Que uma recomposição do seu eu tornava-se impossível? Que você seria apenas uma espécie de apêndice móvel e falante do arquétipo? – Ele destacou esse ponto, naturalmente. Mas não é de noite, durante seu sono, que o arquétipo toma o comando. É de dia, quando os arquétipos se manifestam no estado de vigília, que você é destruído".

5 *Le Voyage gelé*, N4, p. 1115.

6 *Glissement*, p. 601. [Ed. bras.: *O tempo em Marte*, trad. de Daniel Lühmann. São Paulo: Aleph, 2020.] Cf. igualmente, a resposta de um psiquiatra a

De onde temos, em Dick, a presença recorrente – e muitas vezes cômica – de psicanalistas e psiquiatras; do psicanalista japonês elíptico que cobra mil dólares por meia hora àquele que não percebe que seus pacientes são androides; do psicanalista que propõe a todos os seus pacientes irem viver em Marte para resolver seus problemas ao psicanalista robô, fornecido pelas autoridades, cuja função consiste em "reconciliar as pessoas com o mundo tal como ele era".[7,8] Todos pertencem ao universo delirante de Dick.[9]

O problema não é mental, mas *cerebral*, levando-se em conta a falha que atravessa o cérebro separando seus hemisférios. De um lado, o hemisfério esquerdo, que corresponde ao conjunto das relações "digitais" ou numéricas, como o cálculo e as competências linguísticas; de outro, o hemisfério das relações "analógicas", dos sistemas paralinguísticos

---

um milionário que controla Marte e exige muito dos que estão com ele: "São pessoas como vocês, com suas experiências cruéis e imperiosas, que produzem esquizofrênicos" (*Glissement*, p. 712).

7 *Là où il y a de l'hygiène*, N2, pp. 196-197. Entre as histórias cômicas sobre a psicanálise podemos invocar *Phobie or Not Phobie*, na qual um personagem "precog" consulta um psicanalista não por causa de um antigo traumatismo recalcado, mas de um traumatismo futuro. Desde a infância, ele recebe avisos fóbicos vindos do futuro e, quanto mais as sessões avançam, mais aumenta a angústia (N2, p. 402).

8 Os precogs são seres capazes de "previsualizar" crimes futuros, como em *Minority Report*. (N.T.)

9 Aqui, é preciso prestar homenagem a John E. Mack, idôneo professor de psiquiatria na Harvard Medical School que, "acreditando em múltiplos testemunhos", estava convencido de que alguns dos seus pacientes tinham mesmo sido vítimas de raptos por extraterrestres. Cf. J. E. Mack, *Dossier extraterrestres, L'affaire des enlèvements*. Paris: Presses de la cité, 1995. Citado por Jean-Claude Maleval, *Logique du délire*. Rennes: Presses Universitaires de Rennes, p. 17.

ou cinéticos.[10] Um opera com unidades discretas a partir de algoritmos lógico-analíticos, enquanto o outro capta todos contínuos, *gestalts* por intuição ou "simpatia". Todos os personagens de Dick vivem nessa falha, sob o risco constante de vê-la aumentar até a dissociação, incapazes de integrá-los numa atividade mediadora superior.

O caso mais notável é Fred, o personagem de *O homem duplo*, um agente que se faz passar por Bob Actor, um pequeno traficante, com o objetivo de reconstituir um ramo de grandes traficantes que introduziram no mercado uma droga de efeitos devastadores.[11] Consumidor ocasional, Fred não ignora que essa droga produz "uma ruptura entre os hemisférios cerebrais e uma perda da integração consciente". Seus superiores, que ignoram sua dupla identidade – todos os agentes usam, na verdade, uma roupa que "confunde" sua identidade –, informam a ele que decidiram colocar Bob Actor sob vigilância. A missão de Fred consiste, então, em espionar a si mesmo. "No alto da rua, sou Bob Actor, o toxicômano colocado sob vigilância sem que ele desconfie, e a cada dois dias encontro um pretexto para ir ao apartamento no começo da rua, onde me torno Fred, que assiste a quilômetros e quilômetros de película holográfica para seguir minhas ações e tudo isso me deprime."[12] Progressivamente atingido pelos efeitos da droga,

10 Cf. Paul Watzlawick, *Le langage du changement*. Paris: Seuil, 1980, pp. 30-31.

11 Lembremos que o livro foi adaptado para o cinema por Richard Linklater (N.T.).

12 *Substance mort*, pp. 153-154. O título original, *A Scanner Darkly*, é uma alusão à frase de São Paulo citada pelo dignitário japonês de *O homem do castelo alto* depois de ter mergulhado num mundo alternativo.

o personagem se desdobra e acaba não mais se dando conta de que está investigando a si mesmo. "É meu cérebro que está se dividindo..."[13] O desdobramento leva a uma desintegração psíquica total, de modo que ele acaba não sendo mais ninguém, um olhar fixo e sem vida.

Dick sempre volta a falar dessa cisão dos hemisférios, como se a estrutura bicameral do cérebro fosse a fonte de toda dissociação, de todo desdobramento. Não foi isso que aconteceu pessoalmente com ele nos anos 1970, logo depois da primeira redação de *O homem duplo,* quando a realidade do seu mundo se dissipou para mergulhá-lo no mundo da Roma imperial, no tempo dos primeiros cristãos, quando ele entreviu uma enorme falha na história do mundo e seu psiquismo se desdobrou? Ele não era mais Philip K. Dick, autor de FC, cidadão americano, morador da Califórnia, mas um cristão do ano 70. "A ideia de que eu sou um viajante temporal vindo do ano 70 explica perfeitamente Tomé [o apóstolo]. A personalidade PKD é uma máscara sem memória, Tomé é a personalidade autêntica do viajante temporal; portanto, Tomé é, na realidade, eu mesmo, o verdadeiro eu que foi enviado aqui como um ovo de cuco.[14]

13 Ver igualmente os efeitos da droga de *Larmes*, pp. 247-249 [Ed. bras.: *Fluam, minhas lágrimas, disse o policial*, trad. de Ludmila Hashimoto. São Paulo: Aleph, 2021]: "Uma droga como a KR3 torna o cérebro incapaz de distinguir uma unidade espacial entre outras (...). Ele não consegue mais rejeitar vetores espaciais diferentes, o que abre toda a gama das variações espaciais. O cérebro não consegue mais distinguir aqueles que existem realmente daqueles que só existem sob a forma de possibilidades latentes, não espaciais".

14 Lembrando que o cuco é um pássaro que põe seus ovos no ninho de outro pássaro. Ele é, de certa forma, um impostor. (N.T.)

Não sou PKD; sou Tomé. Não houve teolepsia,[15] apenas anamnese. Não surpreende que eu soubesse ler e escrever em latim quando usei LSD" (E I, pp. 484-485). A história individual se apaga e deixa que venham à tona as lembranças ancestrais do inconsciente coletivo. Por mais delirantes que sejam, as inúmeras hipóteses consignadas febrilmente, anos após anos, em *The Exegesis*, permitiram, como ele diz, refazer sua pessoa, reunir-se através da própria dispersão. Talvez a função do delírio seja reaproximar as bordas dessa falha, remendar o rasgo que destrói o psiquismo. O delírio é sempre "uma tentativa de cura, de reconstrução".[16]

Os romances escritos nesse período são quase sempre apresentados como narrativas autobiográficas, porque encontramos ali muitas descrições das experiências pelas quais Dick passou e até mesmo citações de *The Exegesis*, reproduzidas tais quais. Mas não seria por acaso o inverso? Ele não coloca o que viveu nas ficções, é aquilo que viveu que o joga na ficção. Dick se tornou um dos seus personagens de romance. O romancista não é mais aquele que se projeta *imaginariamente* nos seus romances ("Emma

15 Fenômeno em que o indivíduo se sente dominado (positiva ou negativamente) por deuses. (N.T.)

16 Cf. Sigmund Freud, *Cinq psychanalyses*. Paris: PUF, 1954, p. 315 [Ed. bras.: "Cinco lições de psicanálise" in Jayme Salomão (dir.), *Cinco lições de psicanálise, Leonardo da Vinci e outros trabalhos (1910)*. Rio de Janeiro: Imago, 1996]: "O que consideramos uma produção mórbida, a formação do delírio, é, na realidade, uma tentativa de cura, uma reconstrução". Dick redescobre, à sua maneira, a função reparadora do delírio através da multiplicação das hipóteses delirantes em *L'éxegèse* (E, I, p. 365): "Tenho, porém, o pressentimento de outra coisa que imagino como uma nova urdidura da minha pessoa". Cf. também E, II, p. 119.

Bovary sou eu"),[17] mas aquele que se surpreende tornando--se, *realmente*, um de seus personagens ("Sou um personagem, num livro de PKD").[18]

E é justamente isso que se passa em dois romances da chamada *Trilogia VALIS*.[19,20] "Philip K. Dick" torna-se efetivamente um personagem de romance; na verdade, dois. Ou seja, ele só pode se tornar um personagem *desdobrando-se*. Em *Radio Free Albemuth*, ele é Nicholas Brady, que passa pelas mesmas experiências religiosas delirantes relatadas em *The Exegesis*, mas também é Philip K. Dick, autor de FC, muito cético em relação ao que conta seu amigo. Não só ele não dá nenhum crédito à ideia de que existe uma inteligência extraterreste, mas também se preocupa com a saúde mental de Nicholas. "Para mim, tudo isso era contra a natureza e terrível, alguma coisa que era preciso combater com tudo o que estivesse ao nosso alcance. A expulsão

17 Gustave Flaubert a respeito do personagem do seu romance *Madame Bovary*, de 1857. (N.T.)

18 E, I, pp. 550, 66: "Tudo se passa como se eu vivesse cada vez mais nos meus próprios romances. Não entendo o porquê. Será que estou perdendo o contato com a realidade? Ou será, de fato, a realidade que vai, progressivamente, escorregando para um ambiente dickiano?".

19 Três romances de Dick são reunidos e publicados nos anos que seguiram sua experiência religiosa de março de 1974: na França, *SIVA* (1978), *L'invasion divine* (1981), *La transmigration de Timothy Archer* (1982), precedidos de um prólogo, *Radio Libre Albemuth* (escrito em 1976 e publicado postumamente).

20 Esses romances foram reunidos e publicados no Brasil sob o título de *VALIS* (*Vast Active Living Intelligence System*). São eles: *A invasão divina* (1981), *A transmigração de Timothy Archer* (1982) e *Radio Free Albemuth* (acrescentado como um prólogo). Há uma tradução da editora Aleph, que publicou vários títulos de Philip K. Dick. Também existe uma tradução de *A invasão divina*, publicada nos anos 1980, na Coleção Argonauta. (N.T.)

de uma personalidade de homem através do que quer que fosse."[21] Ele chega até a pensar que seu amigo foi vítima de uma dissociação dos hemisférios cerebrais, como o agente de *O homem duplo*.[22]

Encontramos um procedimento análogo, em *VALIS*, ainda com dois personagens distintos: Horselover Fat, homônimo grosseiro, e Philip Dick, que conduz a narrativa na primeira pessoa.[23] O primeiro é meio louco; ele redige uma exegese porque atribui "uma origem divina às sucessivas ondas de informações que o atingiram e, pouco a pouco, entraram no seu crânio".[24] De sua parte, Dick vê apenas, nessa confusão de hipóteses, os sinais de um desequilíbrio psíquico do qual é preciso livrá-lo. Quando Fat explica a Dick que a fonte de todas as religiões provém da cosmogonia do povo Dogon, porque encontramos ali invasores de três olhos que têm o crânio alongado do faraó Aquenáton, Dick pensa que seu amigo perdeu todo contato com a realidade. Reencontramos a díade do louco e do médico, um estranho *cogito* em que os papéis, às vezes, se invertem.

21 RLA, p. 87.

22 RLA, p. 250: "Esse emissor telepata cuja personalidade tomou conta da tua está na tua própria cabeça. Ele emite a partir do outro lado do teu crânio. A partir de tecidos cerebrais já inutilizados. – Eu achava que você tinha uma tendência para a teoria dos universos paralelos, disse eu, surpreso (...). Mais do que um outro mundo paralelo é mais verdadeiramente um hemisfério paralelo na tua cabeça".

23 *SIVA*, T, pp. 204-205 [Ed. bras.: *VALIS*, trad. de Fábio Fernandes. São Paulo: Aleph, 2021]: 'A informação fora comunicada a meu amigo Horselover Fat. – Mas é você. Philippos, em grego, é aquele que ama os cavalos, como Horselover, em inglês. E Dick é a tradução, em alemão, de Fat: grosso, gordo. Você traduziu seu próprio nome'. Não respondi".

24 *SIVA*, T, p. 29.

Essa díade é ainda mais instável que a distinção entre os dois personagens que tende a se confundir. O próprio narrador não consegue dissociá-los muito bem.[25] O desdobramento se interrompe quando Dick, em presença de uma criança de poderes divinos, toma consciência de que Fat é uma projeção dele próprio.[26] Fat reaparece, entretanto, mais tarde, como se uma reintegração definitiva fosse impossível. "A loucura de Fat tinha voltado."[27] Dick só pode, portanto, ser ele mesmo quando se desdobra, sendo, ao mesmo tempo, ele mesmo e Fat. "Horselover Fat sou eu, e escrevo tudo isso na terceira pessoa para conseguir uma objetividade indispensável."

Instaura-se um princípio de não identidade (eu ≠ eu) assim como a sincronicidade instaurava anteriormente um princípio não causal. O que era certeza fundadora (eu = eu) torna-se problema insolúvel (eu ≠ eu?) ou cisão irreparável (eu = outro) antes de se transformar em uma identidade plural (eu = ele). É a esquizofrenia que ameaça todos os personagens dickianos, quando não os atinge de frente. Há sempre um outro em mim, ou sob a forma de uma possessão extraterrestre ou paranormal, ou sob a forma de pulsões inconscientes que ameaçam minha integridade psíquica.[28]

25 Ver o seguinte exemplo, *SIVA*, T, p. 17: "Na véspera, Bob e eu - enfim, Bob e Horselover Fat...". Ou *SIVA*, T, p. 50: "Em todas as minhas leituras eu..., quero dizer, Horselover Fat nunca encontrou nada".

26 *SIVA*, T, p. 232: "Fat tinha desaparecido. Não restava nada dele. Partiu para sempre. Como se nunca tivesse existido. — Não compreendo, eu disse. Você o destruiu. — Sim , respondeu a criança — Por quê? — Para completar você. — Então ele está em mim? Ele vive em mim? — Sim".

27 *SIVA*, T, p. 275.

28 *Les joueurs de Titan*, R2, p. 1120: "Cada percepção e observação que Dave Mutreaux havia recalcado lá no fundo dele mesmo estava ali,

•

É verdade que Descartes não coloca a questão da identidade pessoal. Esse problema é tratado por Locke, que funda a identidade pessoal na continuidade da memória. Sei que sou eu enquanto existir uma continuidade de lembranças, continuidade garantida por um ato sempre renovado de apropriação dos conteúdos de consciência, uns dos outros, que me faz dizer: sou eu.[29] Em Dick, porém, o eu não tem nem continuidade, nem substancialidade. De um lado, porque muitos dos seus personagens são vítimas de amnésias momentâneas. Seus lapsos de memória introduzem rupturas profundas na trama narrativa. As narrativas de Dick nunca são contínuas; são cheias de buracos, como se fossem perfuradas. Os personagens saem de casa como de hábito e, de repente, estão numa nave espacial, numa sala de hospital ou num planeta distante, sem que saibamos o que aconteceu nesse intervalo. Onde eles dormiram? Foram drogados? Estão sendo vítimas de alucinações? Ficaram loucos?

O problema se acentua quando se torna possível implantar falsas lembranças no cérebro dos indivíduos, como em *Lembramos para você a preço de atacado*, no qual o personagem não consegue mais distinguir entre lembranças falsas e verdadeiras. "Ele perguntou: '*Fui a Marte?* Você deve saber. – Claro que não, você não foi a Marte: *você* é que deve saber,

---

intacta, vivendo uma espécie de semi-existência, alimentando-se, largamente, da sua energia física. Essa parte íntima dele mesmo opunha-se a tudo aquilo que Mutreaux pensava conscientemente e buscava deliberadamente na vida".

29 Cf. John Locke, *Identité et différence*, e o comentário de Étienne Balibar «L'invention de la conscience". Paris: Seuil, "Points Essais", 1998.

não é? Você choraminga o tempo todo que quer ir'. Ele continua: 'Ah, meu Deus, eu achava que tinha ido'. E acrescentou, depois de um instante: 'Ao mesmo tempo, acho que *não* fui'" (N2, p. 890).[30] Não é mais possível distinguir entre as verdadeiras lembranças e as lembranças intercaladas, de modo que, mesmo que a continuidade não seja rompida, ela se torna incerta. Aquilo que é verdade no nível individual também é, no nível coletivo da realidade histórica, objeto de manipulações, interpolações, ocultações diversas. A história para Dick se caracteriza, primeiramente, por sua falseabilidade, como em *A penúltima verdade*, em que o poder político dispõe de uma multiplicidade de arquivos falsificados, principalmente várias versões da Segunda Guerra Mundial, de acordo com as necessidades.[31]

Os personagens de Dick não chegam talvez tão longe na desintegração psíquica quanto o agente de *O homem duplo*, mas muitos vivem em tal estado de dissociação que não sentem mais nenhuma emoção; dominados por seu hemisfério esquerdo, tornam-se seres puramente racionais, desprovidos de empatia, guiados por uma lógica puramente abstrata. O problema, então, não diz mais respeito à identidade dos personagens, mas à sua *natureza*, ou seja, sua humanidade, como se estivessem separados de uma parte deles mesmos e se transformassem em criaturas inumanas. O problema

30 Esse conto deu origem ao filme *Vingador do futuro*, Paul Verhoeven (1990). Está presente na coletânea *Sonhos elétricos*. (N.T.)

31 Cf. a observação de *Si ce monde*, p. 149: "(...) se toda uma nação pode esquecer uma única coisa, ela também pode esquecer coisas mais importantes – até mesmo de capital importância. Estou me referindo a uma amnésia possível da parte de milhões de pessoas, através de falsas lembranças. Esse tema das falsas lembranças é um fio condutor de todos os meus escritos há anos".

não é mais “quem sou?”, mas “*o que* sou?”. Descartes atribui o “eu penso” a uma coisa pensante, mas de que natureza é essa coisa? Homem ou máquina? Dick declarou várias vezes que, paralelamente à questão “o que é a realidade?”, uma outra questão o perseguia: “o que é humano?”. Seu medo não é que as máquinas substituam os homens, mas que os homens se transformem por eles mesmos em máquinas. O perigo não é a mecanização dos corpos nem a automatização dos pensamentos, mas *a desumanização dos psiquismos*.

É isso que está em *Impostor*, que narra a história de um homem preso quando saía de casa porque desconfiam que ele é um robô fabricado por extraterrestres para destruir a Terra. Haveria uma bomba instalada nele que explodirá quando ele pronunciar uma frase-chave. O homem protesta: ele é ele mesmo. Mas como provar isso? “Esse é o problema. Eu não podia provar que era eu mesmo” (N2, p. 294). O homem escapa dos policiais, mas, na fuga, descobre o cadáver do seu próprio corpo ensanguentado. É então que ele pronuncia a frase detonadora: “Mas então... devo ser...”. A “coisa pensante” era mesmo uma máquina.[32]

Ser “coisa pensante” não garante ser um humano, um robô resolve o problema perfeitamente. Mais do que isso, o homem dominado pelo hemisfério esquerdo, o da comunicação verbal, do cálculo, da manipulação de unidades

32 Ver também o conto *La fourmi électrique*, N2, p. 957 sq. [Ed. bras.: “A formiga elétrica” in Isaac Asimov, Patricia S. Warrick e Martin H. Greenberg (orgs.), *Histórias de robô – Volume II*, trad. de Milton Persson. Porto Alegre: LP&M Pocket, 2005], que conta a história de um homem que descobre, através de uma cirurgia, que ele é, na realidade, um androide. É a mesma incerteza que tem o caçador de recompensas em *Androides sonham com ovelhas elétricas?*, de quem desconfiamos que seja um androide semelhante aos que ele tem que eliminar.

discretas, codificadas, e no qual se atrofia o sentido das relações intuitivas, "simpáticas" do hemisfério direito, esse homem torna-se inumano, androide. Ele se fecha em um mundo de relações abstratas. É o esquizoide moderno, o "cerebral supertreinado", desprovido de emoções. "Era efetivamente um homem jovem, com uma expressão de profissionalismo frio, o tipo de pessoa completamente desvinculada, esquizoide" (R3, p. 272).[33]

Como o princípio de causalidade, o princípio de identidade (eu = eu) não pode ser mantido por causa de uma falha constitutiva do cérebro que ameaça constantemente se agravar e se propagar por todo lado, fissurando os mundos, dissociando os indivíduos, fazendo-os perder a humanidade ou mergulhando-os na psicose. Em Dick, é dessa falha que nascem todos os delírios, como um esforço desesperado de cura, uma tentativa sempre recomeçada de tecer um "si mesmo", fazendo circular personagens através dos mundos que desmoronam logo que são criados, acompanhando personagens roídos pela loucura e pelas drogas, na esperança de reunir tudo nessa mesma dispersão.

33 *Si ce monde*, pp. 54, 55: "No domínio da psicologia clínica, a estrutura da personalidade esquizoide está estritamente definida: ela é caracterizada por uma falta de emoções (...). Há uma certa similaridade entre aquilo que chamo de personalidade 'androide' e a personalidade esquizoide".

CAPÍTULO 4

Sobre o fantástico

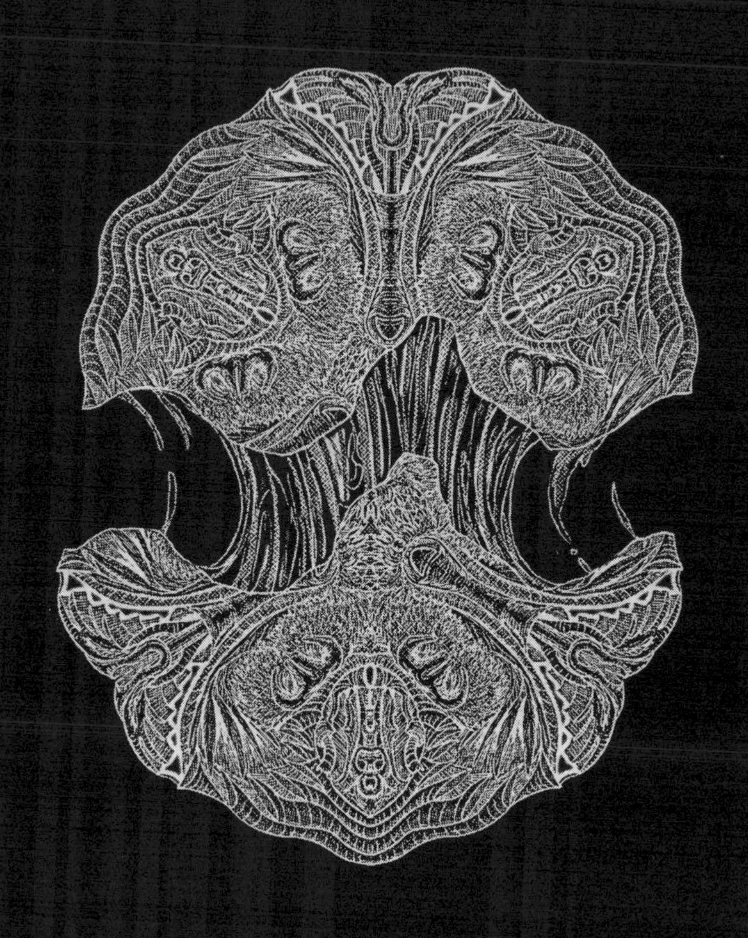

DICK INSISTE VÁRIAS VEZES NA DISTINÇÃO VIGÍLIA/SONO, a partir da distinção heraclitiana entre mundo comum (*koinos kosmos*) e mundo privado (*idios kosmos*), que ele usa como um equivalente da distinção normal/patológico.[1] Quando pensamos estar no mundo delirante de um personagem, percebemos que ele é comum a outros; e, quando achamos estar no mundo real, descobrimos que é uma produção delirante – sem falar das narrativas em que não se pode decidir essa questão. Vivem nos mundos privados o esquizofrênico, o drogado, o paranoico, a menos que tenham acesso a uma outra realidade, o que reduziria os homens comuns a homens simples que dormem acordados e que estão ilusoriamente de acordo com um mundo comum.

Aquilo que Dick recusa é essa distinção determinada entre os mundos. A FC pensa por mundos, inventa mundos, mas o essencial, para Dick, são as interferências entre os mundos. Por isso, sob vários aspectos, ele está mais próximo do fantástico que da FC. Claro que há os extraterrestres,

1 Cf. Heráclito, *Fragments*, ed. M. Conche. Paris: PUF, "Épiméthée", p. 63: "(...) para os que estão acordados há um mundo único e comum, mas cada um dos adormecidos se afasta para um mundo particular". Dick retorna várias vezes a essa distinção. Cf., por exemplo, E, I, 131; em *Le zappeur des mondes*, R3, pp. 659-651 e nas suas observações sobre *Os olhos do céu*, em Sutin, 215: "É como nos *Olhos*, onde a salvação está ao alcance da mão, mas as pessoas não podem acordar. Sim, estamos adormecidos como nos *Olhos*, & devemos despertar, & ver através (além) do sonho – o mundo falacioso e o tempo que lhe é próprio – para chegar à salvação que está *do lado de fora*, e do lado de fora *agora*, e não mais tarde".

as naves espaciais, as galáxias distantes, mas, em Dick, isso não é o essencial. Se tivéssemos que estabelecer uma distinção entre os dois, diríamos que a FC concebe *um* mundo (ou vários) enquanto o fantástico faz sempre a experiência da colisão entre *dois* mundos (ou mais). A FC pode ser racional na sua concepção de mundos, mas o fantástico é sempre confrontado ao irracional por causa dessa colisão entre os mundos que perturba a distinção entre o real e o irreal. O fantástico está inserido nessa indecisão.

Desse ponto de vista, Todorov tem razão em não ligar o fantástico a um gênero literário definido, mas a um tipo de experiência singular independente dos gêneros, esses momentos em que o personagem não sabe mais se o acontecimento sobrenatural do qual é testemunha é uma ilusão dos sentidos, um produto da imaginação, caso em que as leis do mundo permanecem imutáveis, ou então se ele pertence à trama da realidade, quer dizer, que obedece às leis de um mundo desconhecido.[2] É o que acontece quase sempre em Dick, mesmo que tudo se explique no final. São inúmeras as situações em que não se sabe mais a que mundo pertence o acontecimento que está sendo produzido. É uma experiência próxima daquela da "inquietante estranheza" que Freud imagina justamente como um confronto entre dois mundos: um mundo inquietante se imiscui no mundo familiar e ameaça perturbar sua ordem.[3] Quando o mundo muda bruscamente,

2 Tzvetan Todorov, *Introduction à la littérature fantastique*. Paris: Seuil, 1976, p. 29. [Ed. bras.: *Introdução à literatura fantástica*, trad. de Maria Clara Correa Castello. São Paulo: Perspectiva, 1975.]

3 Sigmund Freud, *Psychopathologie de la vie quotidienne*. Paris: Gallimard, pp. 175-180. [Ed. bras.: "Psicopatologia da vida cotidiana" in *Psicopatologia da vida cotidiana e outros sonhos (1901)*, trad. de Paulo César de Souza. São Paulo: Companhia das Letras, 2021.]

é um momento de terror. Não imaginamos nada: percebemos alguma coisa = x que provém de um outro mundo, alguma coisa inexplicável, mas *real*.[4] As narrativas mais bem-sucedidas de Dick são dessa natureza. Horror, há uma brecha nesse mundo. "Desculpe, senhor Bulero, ela murmurou, mas há uma criatura *embaixo* da sua mesa."[5]

Desse ponto de vista, não é certo que a distinção heraclitiana entre sonho e realidade ainda seja conveniente. A filosofia colocou, há muito tempo, a questão do sonho, mas sem acreditar nisso de verdade. Quando ela se pergunta se a realidade não é uma sucessão de sonhos bem ligados, desconfiamos que a questão é retórica, que ninguém duvida seriamente que pode distinguir sonho e realidade. Desse ponto de vista, os fenomenologistas estão certos ao dizer que a "textura" do sonho nunca terá a consistência da percepção em vigília.[6] A distinção entre dois mundos não é perturbada. Mas seria esse o objetivo visado? Se a filosofia, durante muito tempo, fingiu sonhar, não era para duvidar da realidade, mas primeiramente para estabilizar a autoridade do *julgamento*, estabelecer sua superioridade sobre qualquer outra forma de pensamento. Mesmo que Sócrates tenha seu demônio, Platão, suas visões ou Descartes, seu

4 Sobre o horror, cf. as análises de Jean Laplanche, *Problématiques I*, PUF, p. 55 sq.

5 *Le Dieu venu du Centaure*, p. 119. [Ed. bras. *Os três estigmas de Palmer Eldritch*, trad. de Ludimila Hashimoto. São Paulo: Aleph, 2015.]

6 Maurice Merleau-Ponty, *Le visible et l'invisible*. Paris: Gallimard, "Tel", p. 20 [Ed. bras. *O visível e o invisível*, trad. de José Arthur Gianotti. São Paulo: Perspectiva, 2019]: "(...) as diferenças intrínsecas, descritivas do sonho e do percebido tomam valor ontológico e, geralmente, respondemos ao pirronismo mostrando que há uma diferença de estrutura, e por assim dizer de textura, entre a percepção ou a verdadeira visão (...) e o sonho...".

sonho, sonhos e visões sempre são intrusos no espírito do pensador. Julgar é a única atividade de pensamento legítima, a única definição possível do pensamento como protetor do sonho e do delírio.[7]

Ora, a primeira atividade do julgamento consiste exatamente em *distinguir os mundos*, para, em seguida, determinar qual deles é o mundo real e, finalmente, distribuir os seres no interior desses mundos. O homem que acorda, livre das extravagâncias do sonho, sabe que reencontra o mundo real, mas, primeiro, porque ele reencontra a faculdade de julgar: era só um sonho. Ele pode novamente distinguir entre o que é real e o que não é, entre o verdadeiro e o falso, o certo e o provável etc. Ele tem novamente certeza de que suas percepções, crenças e enunciados dizem respeito ao mundo "real". Inversamente, diremos do sonhador que ele não é deste mundo. Sartre o descreve justamente como retirado para um "imaginário fechado", privado de ser-no-mundo. As imagens do sonho não formam mundos, mas "atmosferas de mundo".[8] O julgamento exerce aqui, plenamente, sua jurisdição entre os mundos. A realidade do mundo não

7 Cf. sobre esse ponto as análises de Quentin Meillassoux, *Métaphysique et fiction des mondes hors-science*. Bussy-Saint-Martin: Aux forges de Vulcain, 2015, principalmente a análise da dedução transcendental kantiana e sua confrontação com o caos da "cena onírica" do cinábrio, p. 34 sq.

8 Jean-Paul Sartre, *L'Imaginaire*. Paris: Gallimard, p. 309 sq. [Ed. bras. *O imaginário – Psicologia fenomenológica da imaginação*, trad. de Monica Stahel. Petrópolis: Vozes, 2019.] Apesar de suas reservas sobre a psicanálise, ele concorda com Freud nesse ponto: o sonho é isolado, reduzido a uma cena psíquica. Sobre essa limitação do sonho, em Freud, cf. André Green, "De 'l'Esquisse' à 'L'interprétation des rêves': coupure et clôture" in *Nouvelle Revue de psychanlyse,* n. 5, Gallimard, primavera de 1972, pp. 173, 177.

é um caso de doação, mas de jurisdição. A única coisa que compreendemos é por que a realidade, em vez de ser dada, deve ser elevada ao nível de princípio: o famoso "princípio de realidade".[9]

Podemos objetar que a realidade do mundo é uma evidência que precede qualquer julgamento, que está ligada a uma crença primordial, uma "fé perceptiva" anterior a todo julgamento determinado. O julgamento seria assim um fundo no "solo universal da crença no mundo" como "aquilo que pressupõe toda prática, tanto a prática da vida quanto a prática teórica do saber. O ser do mundo na sua totalidade é aquilo que se explica por si mesmo, que nunca é colocado em dúvida, aquilo que não resulta de uma atividade de julgamento, mas que constitui o pressuposto de qualquer julgamento".[10] Como não ver, porém, que essa crença supõe já feita a distinção entre os mundos? Entre um mundo real, evidente, indubitável e os outros mundos considerados como quiméricos, fictícios, irreais...

Essa "crença primordial" não estaria do lado do sonhador? A fenomenologia não dá muita importância à experiência do sonhador à própria fenomenologia do sonho, que só considera a partir do estado de vigília. Aquilo que caracteriza o sonhador, não é justamente uma profunda credulidade, ainda mais primitiva que a "fé perceptiva", porque ela não está enraizada no solo de um mundo preexistente? Se

9 Cf. o artigo de Freud "Formulations sur les deux principes du cours des événements psychiques" (1911) in *Résultats, idées, problèmes*, v. I. Paris: PUF, p. 137: "No lugar do recalque (...), aparece o ato de julgamento que deve decidir imparcialmente se uma determinada representação é verdadeira ou falsa, isto é, se ela está ou não de acordo com a realidade".

10 Edmund Husserl, *Expérience et jugement*. Paris: PUF, p. 34. Cf. Merleau-Ponty, op. cit., p. 19 sq.

o sonhador não tem ser-no-mundo, não é isso justamente que lhe permite acreditar em tudo aquilo que acontece, sem nunca se surpreender com nada? Nada mais é irreal, falso ou impossível porque o eu da vigília, o eu juiz desapareceu; está dormindo.

Então o eu do sonhador se anima, se espalha, se dispersa em um "mosaico de fragmentos". Sua unidade, feita de conexões mais do que de integração, se descentraliza, se reduz.[11] "O sujeito do sonho ou primeira pessoa onírica é o próprio sonho, o sonho inteiro. No sonho, tudo diz 'eu', até mesmo os objetos e os animais, até o espaço vazio, até as coisas distantes e estranhas que povoam sua fantasmagoria".[12] Talvez nem seja mesmo mais necessário conservar um "eu", já que ele é, em qualquer lugar, anônimo e multifocal. Isso não quer dizer que o sonho mergulhe no irreal ou permita atingir um surreal, seria mais porque *ali tudo é real* justamente porque o julgamento não exerce mais nenhuma função: o sonhador não tem mais que decidir o que é ou não real, verdadeiro ou falso, verossímil ou não. Tudo é real, tudo é crível, até mesmo os episódios mais delirantes.

Inversamente, o julgamento vive apenas de distinções, de separações e exclusões. Ele se entrega a uma atividade incessante de partilha entre os mundos ou os domínios. Ele só faz uma pergunta: onde traçar a linha divisória? Onde traçar

11 Cf. Roger Dadoun, "Les ombilics du rêve", in *Nouvelle Revue de psychanalyse*, op. cit., p. 241.

12 Michel Foucault, "Introduction" in Ludwig Binswanger, *Le rêve et l'existence; Dits et écrits*, v. I. Paris: Gallimard, "Bibliothèque des sciences humaines", 1994, p. 100. [Ed. bras. Manoel Barros da Motta (org.) *Michel Foucault – Ditos e escritos*. Rio de Janeiro: Forense Universitária, 2002.]

o limite? Não é isso o que caracteriza os mundos em *Os olhos do céu*? Cada personagem constrói um mundo autoritário e delirante de acordo com os julgamentos mais impiedosos, as normas e os valores mais arbitrários. Cada um edita suas próprias leis causais, recorta ou acrescenta trechos inteiros de realidade ao mundo existente. Ele modifica a cosmologia desse mundo, restabelece o geocentrismo, suprime a sexualidade, os sistemas monetários, introduz anjos ou monstros... O julgamento decide, em função de valores, de normas, de convicções, quem faz parte de um mundo e quem está excluído dele.

Legitimamente, o indivíduo que julga nunca dorme. Ele é insone por natureza. Julgar é vigiar, estar vigilante, guardião dos limites. Os limites sempre precisam de guardiões, inclusive de vigias noturnos. E, como diz Bergson, se vigiar cansa, é porque passamos o dia julgando, provando ter bom-senso. "Essa escolha que você está sempre fazendo, essa adaptação constantemente renovada, é a condição essencial daquilo que chamamos de bom-senso. Mas adaptação e escolha mantêm você em um estado de tensão ininterrupta. Você não se dá conta na hora, assim como também não sente a pressão da atmosfera. Mas acaba se cansando. Ter bom-senso é muito cansativo."[13] Quando chega a noite, todos vão dormir, menos o insone, que se mantém acordado ou acorda bem no meio da noite pela perpétua vigilância do juiz. O homem que dorme é o homem cansado da atividade de julgar. Aquilo que traz repouso é o sono, mas o sonho não pertence ao sono. Ele seria uma espécie de terceiro estado

13 Henri Bergson, *L'énergie spirituelle*. Paris: PUF, p. 103. [Ed. bras. *A energia espiritual*, trad. de Rosemary Costhek Abilio. São Paulo: WMF Martins Fontes, 2021.]

entre vigília e sono. Ele é o outro da vigília onde não descansamos do julgamento, mas onde nos livramos dele.[14]

•

Encontramos esse terceiro estado - que não é forçosamente o do sonho - em muitas narrativas de Dick. Ele é obtido por diversos meios - droga, perturbação psíquica, hipnose, manipulação mental.[15] Ele caracteriza a experiência do fantástico (ou da estranha inquietude). Por trás dos múltiplos cenários, planetas devastados, galáxias distantes, por trás do arsenal de naves espaciais e invenções tecnológicas, por trás das tantas criaturas extraterrestres ligadas ao gênero da FC, há essa experiência do fantástico que Dick busca constantemente encontrar. É uma zona onde os mundos se sobrepõem, se fundem, bifurcam, onde os personagens se comunicam com uma "substância insensível" próxima do estado de receptividade no qual nos mergulha às vezes o cinema. Podemos pensar na descrição de Artaud, que imagina o cinema como uma via de acesso privilegiado ao fantástico. "Toda uma substância insensível ganha corpo, busca atingir a luz. O cinema nos aproxima dessa substância (...).

14 Cf. a famosa observação de Freud em "L'Interprétation des rêves" in *Œuvres complètes*, v. IV. Paris: PUF, 2004, p. 558: "[O trabalho de sonho] não pensa, não calcula, não julga nada; ele se limita a transformar".

15 Cf. a droga que faz perder o julgamento, no conto *Question de méthode*, N2, p. 213: "O PK materializa sua alucinação. Então, em um certo sentido, não se trata, propriamente falando, de uma alucinação, a menos que possamos recuar suficientemente para comparar a zona deformada com o mundo normal. Mas isso o PK não pode fazer; ele não possui critério de julgamento objetivo, ele não pode se afastar de si mesmo; a zona deformada se desloca para todo lugar com ele".

O cinema vai se aproximar cada vez mais do fantástico, esse fantástico do qual percebemos cada vez mais que, na realidade, é todo o real, ou então ele não viverá."[16,17]

Por que essa declaração de Artaud faz pensar mais nos filmes de Lynch que naqueles dos grandes cineastas oníricos como Kurosawa, Buñuel ou Cocteau? Justamente porque, nesses últimos, o sonho é concebido como um mundo à parte que não interfere com o mundo real ou, que o faz apenas por jogos de correspondências simbólicas ou fantasmagóricas. Neles, se desdobra uma poética, uma fantasmagoria ainda mais rica porque engloba o sonho no irreal ou no surreal. Através disso, o sonho perde sua potência inquietante do fantástico que lhe permite se imiscuir no real e mistura seus contornos. Há uma alternativa própria do sonho: às vezes, ele é um mundo imaginário destinado a ultrapassar o real, encantá-lo, simbolizá-lo ou torná-lo surreal; outras vezes, pelo contrário, ele possui uma realidade inquietante, insistente, que revela as falhas dos mundos físicos ou psíquicos. No primeiro caso, sabemos que estamos em um mundo irreal (fantasmagórico); no segundo, nos perguntamos se não passamos para um outro mundo, tão real quanto o primeiro (fantástico). Se um remete às potências da imaginação, o outro remete aos perigos da loucura.

16 Antonin Artaud, *Œuvres complètes,* v. III. Paris: Gallimard, pp. 66-67. Ver também a nota de intenção sobre o roteiro de *A concha e o clérigo,* p. 19: "Esse roteiro não é a reprodução de um sonho e não deve ser considerado como tal. Não procurarei desculpar a incoerência aparente pela escapatória fácil dos sonhos. Os sonhos têm mais do que a sua lógica. Eles têm sua vida, na qual aparece apenas uma inteligente e sombria verdade".

17 O filme *A concha e o clérigo* (1928) é da cineasta francesa Germaine Dulac. (N.T.)

Sob esse aspecto, a deficiência de muitos filmes de FC é que eles têm dificuldade em dar existência a um outro mundo ou em fazer sentir os limites deste mundo. Eles podem filmar guerras dos mundos, destruições de mundos, mundos virtuais destinados a suplantar o mundo real, nada disso impede que tudo seja percebido a partir de um mundo preexistente, aquele onde está a câmera que garante sua realidade. Uma das grandes forças dos filmes de Lynch é justamente que *a câmera se desloca* para os limites desse mundo, para as zonas indecisas que comunicam com outros mundos; ela avança por corredores obscuros, se mete entre as árvores de uma floresta, contorna uma fachada, sem saber se aquilo que ela vai encontrar ali ainda pertence a esse mundo ou a um outro. Ou seja, a câmera não garante mais a realidade de um mundo; ela circula entre os mundos e volta periodicamente para os lugares onde eles interferem, para seu limite comum, como se fosse o caso de filmar esse limite que se confunde com a própria zona do fantástico.[18]

Mas é apenas nessa zona que as categorias do julgamento estão suspensas. Causalidade, identidade e realidade perdem ali o seu valor de princípio. É o que se passa em Dick. Como em Lynch, o fantástico é muito menos voltado para o sonho ou o onirismo do que para a loucura e seus perigos. O problema de Dick não é o sonho, mas o delírio e sua psicose subjacente. Um sonho nunca é tão assustador quanto um delírio, nem tão perigoso. Não consideraremos o sonhador

18 Talvez fosse justamente necessário que Lynch se confronte, ao mesmo tempo, com o onirismo (em *A cidade dos sonhos*) e com a FC (em *Duna*) para renunciar a duas orientações possíveis de seu fantástico. Sobre o estatuto do sonho, do clichê e do fantástico em Lynch, cf. Pierre Alferi, *Des enfants et des monstres*. Paris: P.O.L, 2004, p. 221 sq.

como um psicótico e menos ainda o psicótico como um sonhador, como fazia a psiquiatria do século XIX. Em um caso, a realidade está provisoriamente suspensa (mas é sempre finalmente encontrada); no outro, ela desmorona (e nunca mais é definitivamente restaurada).[19]

Em Dick, estamos em um universo de ficção no qual o julgamento não pode mais exercer sua autoridade, ou o faz apenas de modo totalmente arbitrário. Os mundos se alteram, se desorganizam, se comunicam entre si de modo irracional. Com o julgamento desaparece igualmente a "fé perceptiva" ou a crença no mundo que o sustenta. Com a ruína dessa confiança transcendental, é a realidade inteira que desmorona, como acontece com os psicóticos descritos por Binswanger, nos quais Dick se inspira inúmeras vezes. *Como não existe mais nenhum fundamento*, o leitor não pode mais saber se está lidando com um universo estritamente psíquico ou não, se a realidade que apresentam a ele é "subjetiva" ou "objetiva".

É o que acontece com o motorista detido por excesso de velocidade por um policial, em *Retreat Syndrome*, e que declara estar doente. "Tudo me pareceu irreal... Pensei que, se eu dirigisse bem rápido, conseguiria finalmente chegar a um lugar onde as coisas seriam... substanciais". O policial reage com ceticismo. Como sinal de boa-fé, o motorista enfia o braço no painel do carro. "Está vendo? Nada tem consistência à minha volta, estou cercado de sombras. Eu poderia, por exemplo, eliminar o senhor apenas desviando minha

19 Sobre o desaparecimento da fé perceptiva ou confiança transcendental, cf. Ludwig Binswanger, *Mélancolie et manie*. Paris: PUF, p. 22 sq. e sobre a influência de Binswanger e da literatura psiquiátrica sobre Dick, cf. Antony Wolk, "The Swiss connection", in Samuel J. Umland (dir.), *Philip K. Dick. Contemporary Critical Interpretations*. Westport, Connecticut: Greenwood Press, 1995, pp. 114-115.

atenção" (N2, p. 783). Para acabar de convencê-lo, ele confessa achar que matou a mulher; seu psiquiatra, ao telefone, diz que ela continua viva na Terra, em Los Angeles. Entretanto ele se lembra de tê-la matado. Seria talvez uma falsa lembrança? Uma alucinação? Ele afirma que não está na Terra, mas internado em Ganimedes, e sua mulher está morta. O psiquiatra afirma o contrário. "Esse talvez seja o meio pelo qual mantínhamos nele o sistema alucinatório: dávamos a ele regularmente pequenas doses de Froedadrina, por exemplo, na alimentação. Mas isso não era coisa de paranoico – ou melhor, de psicótico?". O psiquiatra acaba confirmando que, de fato, ele está em Ganimedes, mas sua mulher está viva. Ele tem, então, que matá-la pela segunda vez. Pega o carro e sai em alta velocidade pela estrada, quando um policial...

Uma das condições que Leibniz fixava para a existência de um mundo é que todos os acontecimentos que se produzam nele sejam compatíveis entre si. Das duas, *uma*: se César atravessou o Rubicão, então é impossível que não o tenha atravessado. Se existe um César que não atravessou o Rubicão, ele não pertence a este mundo, mas a um outro mundo possível. O problema dos personagens de Dick é que eles são confrontados a situações nas quais acontecem coisas inconciliáveis no interior de um mesmo mundo. "Runciter está morto ou não? Estamos mortos ou não? Você diz uma coisa e depois diz outra. Você não pode ser racional?" (*Ubik*, p. 209). O homem não sabe mais se ele vive em um mundo no qual matou a mulher ou em um mundo no qual ainda não a matou. Matei minha mulher ou não? Fui a Marte ou não? Estou vivo ou morto? Em todas as situações, resposta é sempre a mesma: *os dois*. Entendemos que Dick não distingue claramente a FC do fantástico, já que a maior parte das suas narrativas resulta em episódios propriamente fantásticos nos quais a indecisão entre os mundos prevalece sobre todo o resto.[20]

Simondon e Deleuze mostraram justamente como o princípio racional de exclusão de Leibniz só opera no nível de indivíduos pré-formados, já constituídos. É verdade que, nesse nível, não é possível ter matado a mulher e não ter matado; ser ao mesmo tempo culpado e inocente; estar morto e vivo. "É isso. Estou morto. E, no entanto, ainda estou vivo."[21] Tudo muda quando descemos ao nível de uma realidade pré-individual na qual a "realidade" do mundo ainda não está constituída ou quando ela se desagrega sob o efeito de distúrbios psíquicos, drogas ou potências superiores. Não se trata mais de um mundo pré-formado, mas de um mundo *informal* no qual as individualidades se desfazem, onde realidades inconciliáveis se sobrepõem e se comunicam fantasticamente. Esse mundo pré-individual é um mundo de flutuação, de indecisão, isto é, um mundo que contém vários mundos *tão reais uns quanto os outros.*

Será talvez isso a "predileção pelo caos" da qual fala Dick? Como diz um personagem: "Das duas uma: ou esse mundo é uma reconstituição do nível R, ou eu sou um homem do século XX em plena fuga psicótica. Por enquanto, não sei qual é a hipótese correta". Mas logo ele retifica: "Formulei mal a questão. Seria estúpido querer saber qual dos dois mundos era real. *Todos os dois* são reais, é claro."[22] É o sentido

20 Sutin, pp. 180-181: "O fantástico implica coisas geralmente impossíveis, e a ficção científica, coisas geralmente possíveis sob certas condições. O que vale dizer que, no fundo, a diferença é puramente subjetiva".

21 *Simulacres*, R3, p. 326.

22 *Reconstitution historique,* N1, pp. 1171-1172. [Ed. bras. "Peça de exposição" in *Sonhos elétricos*, op. cit.]

dos conceitos de "disjunção inclusa", em Deleuze, ou de "metaestabilidade", em Simondon, quando a *fluctuatio animi* nos revela estar "contidos entre vários mundos".[23] É uma ideia que Dick encontrou por conta própria, certamente em Jung, visto que, nas profundezas do inconsciente coletivo junguiano, as qualidades opostas, a bipolarização dos pares contrários ainda não está estabelecida.[24] Se seus mundos desmoronam tão rapidamente, é porque não há nenhuma terra firme, nenhum "solo universal de crença", como em Husserl. Eles estão construídos sobre uma zona que os desestabiliza e faz com que desmoronem. Seus personagens estão encavalados sobre os mundos; eles os habitam só por um instante, estando em um deles apenas com a condição de já estar em um outro.

23 Cf. Gilbert Simondon, *L'individuation à la lumière des notions de forme e d'information*. Grenoble: Millon, p. 211: "A *fluctuatio animi* que precede a ação decidida não é hesitação entre vários objetos ou mesmo entre vários caminhos, mas uma recuperação movente de conjuntos incompatíveis, quase semelhantes e, no entanto, desiguais. Antes da ação, o sujeito está contido entre vários mundos...".

24 *SIVA*, T, p. 241: "Esse é o perigo com os arquétipos: as qualidades opostas ainda não estão separadas. A bipolarização em pares contrários não se produz antes da aparição da consciência". Cf. também *Larmes*, p. 70: "Ele teve a impressão de chegar ao volante do seu carro sob medida, um modelo único, diante de um sinal ao mesmo tempo verde, amarelo e vermelho: nenhuma reação racional era possível (...). O terrível poder do ilogismo. Arquétipos. Saídos das tristes profundezas do inconsciente coletivo que os ligava, ele, o carro, e o mundo inteiro".

CAPÍTULO 5

Entropia e regressão

Até que é bonitinho brincar com a poeira.

SAMUEL BECKETT

MUITAS VEZES A FC FOI DEFINIDA PELA SUA IMAGINAÇÃO sobre os "progressos" tecnológicos e científicos. Se fosse o caso, então *Ubik* não pertenceria à FC, pois ali só há regressão, dissipação de energia, destruição. Desse ponto de vista, *Ubik* é o antirromance de FC por excelência. Ali, todos os "progressos" são anulados por causa de uma temporalidade estranha, paradoxal. *De um lado*, os personagens estão submetidos a uma violenta aceleração do tempo que os faz envelhecer prematuramente. Eles sentem que são invadidos por um cansaço extremo; logo estão se arrastando como velhos e depois morrem e viram pó em menos de vinte e quatro horas; *de outro*, uma inversão temporal afeta os objetos comuns, exatamente aqueles saídos do "progresso" técnico.[1] "Seu fogão tinha regredido. Ele se transformou em um antigo modelo a gás com queimadores obstruídos e uma porta de forno incrustrada de preto que não fechava direito. Ele olhou estupidamente para o velho fogão, que mostrava ser bem usado - e depois deu-se conta de que os outros acessórios da cozinha tinham sofrido idênticas metamorfoses."

1 Cf. igualmente o romance *O tempo desconjuntado*, no qual o tempo passa em sentido contrário; os mortos voltam à vida, as exumações substituem os enterros, os vitários substituem as funerárias, os adultos voltam a ser bebês e depois "reintegram a matriz" etc.

Todos os objetos técnicos começam a regredir inexplicavelmente. As naves espaciais voltam a ser aviões com motor a reação e depois "velhos biplanos com grossas hélices de madeira"; os bólidos ultramodernos voltam aos primeiros tempos do automóvel. *Ubik* vai no sentido contrário de uma das profundas tendências da FC que povoa seus mundos com objetos saídos do "progresso" tecnocientífico. Novamente, *Ubik* é o antimodelo do livro de FC padrão, seu contrário: ali, tudo regride, e aquilo que progride só o faz rumo à degradação e à morte. "A realidade recuou; ela perdeu seu apoio subjacente e refluiu para formas anteriores." Como dizíamos, não há mais o último fundamento. Regressão acelerada e envelhecimento precipitado destroem a própria substância do mundo. Mais uma vez, o mundo enlouquece e acaba desmoronando.

•

Se podemos aproximar a zona do fantástico do campo pré-individual descrito por Simondon e Deleuze, é porque este último é o centro de gêneses e de transformações incessantes. As informações que percorrem esse campo, concebidas como "diferenças que fazem a diferença", segundo a fórmula de Bateson, se propagam, se amplificam, progridem até constituir mundos, formar individualidades minerais, vegetais, animais. Inversamente, há regressão quando a diferença não faz mais nenhuma diferença e vai ao encontro do indiferenciado, onde tudo se iguala, se mistura, se desfaz. Transformações, metamorfoses tornaram-se impossíveis e todas as dimensões de tempo dizem a mesma coisa: "rói, rói, rói", como murmura a criança de *O tempo em Marte*. É o "mundo do túmulo" descrito por Binswanger em *O caso de Ellen West* que tanto marcou Dick, em que o psiquismo cai em um buraco obscuro, roído pela mesma entropia que desorganiza o cosmos.[2]

O abismo no qual caem, de fato, certos psicóticos os faz entrar diretamente em contato com a tendência ao indiferenciado que age no cosmos, catatonia ligada à entropia. Não é mais o fundo psicótico dos personagens que altera a realidade do mundo, *é o próprio mundo que possui um fundo psicótico* ao qual têm acesso justamente certos personagens "especiais". Por trás da ordem aparente do real, há um outro mundo, também real, próximo do caos e do indiferenciado que ameaça de desintegração tudo aquilo que ele toca, como uma espécie de antimundo.[3] A regressão não é apenas um retrocesso ou uma fixação no passado, ela é também a visão de um futuro fundado na desintegração generalizada de toda organização psíquica e cósmica. O tempo de depois se junta ao tempo de antes como retorno ao inorgânico, como o instinto de morte, em Freud. Estamos longe da imagem da FC como visão dos "progressos" tecnológicos e científicos.

2 Ludwig Binswanger, *Le Cas Ellen West*. Paris: Gallimard, 2016, p. 81 sq. O "mundo-túmulo" volta com frequência em Dick, principalmente em *Androides sonham com ovelhas elétricas?*. Na introdução ao livro de Binswanger, Foucault (*Dits et écrits*, op. cit., p. 133) sublinha a impossibilidade de qualquer devir em Ellen West: "Em Ellen West, o espaço sólido do movimento real, o espaço no qual se realiza, pouco a pouco, a progressão do devir, esse espaço desapareceu".

3 Dick encontra essa regressão nas profundezas do oceano. O mundo submarino é um "ambiente de morte, um lugar onde tudo apodrece na desesperança e na ruína (...). É um universo, com sua substância própria, separado do nosso em todos os pontos. Suas leis monstruosas impõem a tudo o declínio. Sob o estímulo irresistível da entropia, os seres se esfacelam". *Le guérisseur de cathédrales*, R4, p. 716.

É isso que se passa quando os personagens enfrentam forças que os impedem de se comunicar com o mundo exterior. "Trata-se de um verdadeiro corte entre os dois universos, interior e exterior, de modo que nenhum deles interfere mais no outro. Os dois continuam existindo, mas separadamente."[4] Mais que um corte, é o desaparecimento, a absorção do mundo inteiro no interior de uma espécie de vórtice, como é o caso da experiência vivida pelo pequeno Manfred, a criança esquizofrênica de *O tempo em Marte*, fechada em um espaço-tempo que o petrifica. Ele tem uma percepção do tempo tão acelerada que percebe o mundo roído pela destruição e a morte, o que ele chama de "roedura". Os personagens aparecem para ele sob a forma de cadáveres e o mundo, sob a forma de escombros. Quando ele desenha suas visões, é para representar o futuro sob a forma de paisagens desoladoras, ruínas e pardieiros. Essa criança-velho faz parte dos personagens que vivem no "mundo do túmulo", diretamente ligados com a entropia cósmica. "Não era uma fuga, era uma retração, uma contração da vida em um túmulo úmido, frio e apodrecido, um lugar, enfim, onde nada acontecia, nada podia vir, um lugar de morte absoluta" (R2, pp. 669-670).

Emana dele uma tão grande energia psíquica que sua presença age como um verdadeiro atrator; ele atrai os personagens, desperta neles tendências psicóticas que os levam a estados próximos do seu, como se estivessem presos no disco de acreção de um buraco negro. "Isso começa a nos absorver, a substituir nossa própria visão das coisas, diríamos que, de fato, os acontecimentos aos quais estamos habituados, pelos quais esperamos, *não se produzem*" (R2, p. 685). É exatamente o que acontece com os personagens de *Ubik*: a realidade do

4 R2, p. 692.

seu mundo é alterada pelo psiquismo de um jovem que lhes absorve a energia vital como se fosse um buraco negro.

O pequeno Manfred só vê um mundo em ruínas porque nada pode resistir à entropia, à desintegração de todas as coisas. A derradeira regressão é o fim do futuro, um futuro esvaziado das suas possibilidades. Tudo já aconteceu, o *futuro acabou*. Para a criança-velho, não há mais nenhuma diferença entre as dimensões do tempo. Qualquer que seja o lado para o qual nos viramos, existe apenas um triste presente indiferenciado no qual nada mais acontece. A diferença não faz mais nenhuma diferença. "Compreendo agora o que é a psicose: é a alienação completa da percepção dos objetos do mundo exterior, particularmente os objetos que têm uma importância, ou seja, as pessoas calorosas que vivem nele. E elas são substituídas pelo quê? Por uma horrível preocupação – o fluxo e o refluxo incessantes do nosso próprio ser (...). É a interrupção do tempo. O fim de toda experiência, de toda novidade. Quando uma pessoa se torna psicótica, nada nunca mais poderá acontecer a ela" (R2, p. 692).

Stanisław Lem observa que as regressões em Dick não resultam de uma imaginação falha na qual um futuro longínquo teria feito a humanidade regredir a um estágio feudal ou pré-histórico.[5] É claro que, às vezes, encontramos zonas de pré-história em Dick, como os autóctones marcianos de *O tempo em Marte* ou a equipe de filmagem de *O tempo dos simulacros*, que cruza com neandertais numa região abandonada, há muito tempo radioativa. "– Eu não levaria muito tempo para ficar desgostoso com a vida por aqui. Mas se por acaso conseguisse me adaptar... teria aceito um dos aspectos

5 Stanisław Lem, "Un visionnaire parmi les charlatans", *Science et fiction*, Denoël, v. 8, n. 7, nov. 1986, p. 117 e as profundas observações na p. 102 sq.

mais desagradáveis da existência. – O que você quer dizer? – A supremacia do passado."[6] Essas partes de mundo privadas de futuro não pertencem a um tempo paralelo; elas são contemporâneas das zonas de "progresso" observadas em outros lugares; elas são o sinal de que a regressão ameaça qualquer nível de realidade.

"Tropia", "roedura" ou "bagaço" – os termos inventados pelos personagens mudam, porém designam sempre o mesmo processo subjacente que favorece a identificação entropia = psicose. É nas profundezas dos mundos psíquicos e físicos que sua potência se manifesta. Ele pode tomar a forma de um niilismo passivo, quando a regressão é almejada, desejada, como um "retorno à matéria inorgânica", de acordo com os termos de Freud para designar o instinto de morte. É o que acontece com a jovem de *The Ganymede Takeover* que passa por um tratamento de isolamento sensorial para se libertar de todas as suas neuroses e reencontrar a paz do indiferenciado. "Sou o universo inteiro e seu espectador infinitesimal" (R4, pp. 571-572). Voltei a ser matéria, fluxo indiferenciado, sem conflito, ó nirvana.

Em certos paranoicos, esse niilismo pode tomar uma forma ativa, bem mais dura, e se transformar em uma terrível visão política. Não só eles veem o porvir, como fazem os "precogs", espíritos capazes de ver e predizer o futuro, mas levam a precognição tão longe que veem até o final dos tempos, o final de tudo. Mais que uma visão, porém, *é um desejo*, um desejo de fim do mundo como vitória suprema.[7] A morte

6 R3, p. 307. Cf igualmente *Brèche dans l'espace,* R3, p. 137 e *Le guérisseur de cathédrales,* R4, p. 781; N3, pp. 262-263.

7 Ver as observações de Pierre-Henri Castel sobre a pulsão de morte como "aquilo que vem do futuro". *Le mal qui vient*. Paris: Cerf, p. 101 sq.

é a certeza que vem do futuro – nem temida nem esperada –, mas desejada, ardentemente desejada como última verdade, aquela que dá razão total, a figura da autoridade suprema. "A própria morte possui essa autoridade" (R2, p. 597). Esses personagens encarnam, então, o arquétipo da "personalidade autoritária", quando o sacrifício de si (e de todos) torna-se a única estratégia para assegurar a preservação de um ideal mortífero. A salvação é identificada ao aniquilamento.[8] Sim, eles vão morrer, mas que importância tem isso, já que é a prova de que tinham razão e que pertencem ao campo dos vencedores? A verdade não é mais importante que a vida? Daí o grito abominável – "viva a morte" –, já que ela é aliada deles para a vitória final que, de qualquer modo, é apenas uma vitória da própria morte. Há algo mais importante que ter razão? Desejar apenas para o futuro o espetáculo da destruição e a morte é uma das grandes formas do niilismo em Dick, quando a precognição se revela mortuária e toma ares de um pesadelo fascista. "A precognição não terminava na liberdade, mas em um fatalismo macabro."[9]

Isso dá lugar a visões terríveis, como no conto *Null-O*, que narra a história de um jovem superdotado "paranoico sem a mínima faculdade de empatia". Ele não pensa ter perdido contato com a realidade, mas, pelo contrário, acredita estar

8 Cf. o artigo de Vladimir Safatle, "Para além da necropolítica"(edição eletrônica), n-1 edições. Disponível em <https://www.n-1edicoes.org/textos/191>. Acesso em: 10 jan. 2022.

9 *RLA*, p. 60. Cf. *Les chaînes de l'avenir*, R1, p. 268, no qual Hitler é comparado a um precog. Goebbels dizia justamente que Hitler vivia em um "mundo de fatalidade absoluta" (in Helmut Heiber, *Hitler parle à ses généraux*. Paris: Perrin, "Tempus", 2013, p. 324). Katherine Hayes (op. cit., pp. 60-61) mostra como os nazistas encarnam a própria regressão em *O homem do castelo alto*.

em contato direto com o real, porque se liberou de todas as inibições ético-culturais que entravam o pensamento humano.[10] Daí sua teoria: o mundo não é composto de objetos, não existe nenhuma realidade individual – o "*null-O*" –, mas uma "*gestalt*, uma substância unificada sem divisão entre vivo e não vivo, ser e não ser. Por baixo da aparência puramente artificial dos objetos materiais, há o mundo da derradeira realidade: uma imensidade indiferenciada feita de energia pura". Seu desejo é exatamente ir ao encontro do *null-O* fazendo explodir bombas cada vez mais potentes, para chegar à destruição total do mundo, a fim de que não exista mais "nenhum contraste entre a terra e o mar" e que a superfície da terra seja apenas "uma extensão cinzenta pálida e branca, indiferenciada" (N1, p. 1146). O indiferenciado é a derradeira verdade. Niilismo assustador que repousa no fundo de toda regressão e ameaça certos personagens de Dick, o prazer de acabar com toda forma de vida, ver no futuro apenas o final de tudo como apoteose.

Havia um perigo relativo ao mundo do julgamento, o de viver apenas *em um único mundo*, de impedir toda e qualquer comunicação entre os mundos, o que, para Dick, é a negação de todo pluriverso. Mas esse perigo é inseparável de um outro: *aquele que vive em um só mundo quer a destruição de todos os mundos, inclusive o seu.* Talvez seja esse o derradeiro sentido da fórmula "não há alternativa" (TINA), quando se

10 Declaração do jovem paranoico superdotado: "A paranoia sempre foi classificada como doença mental. Mas é um erro! Ela não acarreta perda de contato com a realidade – muito pelo contrário, o paranoico está em contato direto com o real. Derradeiro empirismo libertado das inibições ético- culturais, o paranoico vê as coisas como elas são na verdade; de fato, ele é o único homem são de espírito" (N1, p. 1142). Aliás, ele acrescenta: "Li *Minha luta*. O que me fez descobrir que eu não era o único".

trata de destruir todos os mundos em benefício de um só. A negação se torna destruição pura e simples. Pois, se resta apenas um só mundo, ele também está condenado a desaparecer, a se devorar do interior, já que ele vive apenas da destruição dos outros mundos; o caso exemplar é ilustrado pelo esteta de *Os olhos no céu* que destrói tudo aquilo que compõe um mundo, até destruir a si próprio.

•

Se há um outro autor de FC no qual a entropia é onipresente, é Ballard. Mas a situação mudou profundamente. Neste último encontramos a ideia de que o psíquico e o físico compõem uma única e mesma realidade.[11] Mundo interior e mundo exterior tornaram-se indiscerníveis, mas de uma maneira completamente diferente de Dick. Para Ballard, o mundo fantasioso interior se mostra, agora, inteiro no exterior, nas publicidades, nas luzes exageradas, nas grandes megalópoles, através de uma pornografia e um voyeurismo generalizados. De modo que o niilismo não precisa mais ser profundo, ele não vem mais de um fundo arcaico ancestral; pelo contrário, ele se exibe diante de nós, à nossa volta, visível em toda parte.

Aquilo que é objeto de uma luta incessante em Dick tornou-se uma aquisição, quase uma condição para Ballard: seus mundos são desprovidos de qualquer "progresso", a regressão, a estagnação e a destruição reinam soberanas.

11 Cf. J. G. Ballard in Valérie Mavridorakis (ed.), *Art et science-fiction: la Ballard Connection*. Genebra: Mamco, 2011, p. 85. As contribuições da obra insistem no paralelo Ballard/Smithson, a partir da noção de entropia presente nos dois autores.

Vemos isso, desde suas primeiras narrativas, através da relação matéria-tempo. Já é verdade em *Mundo em chamas*, e também no esplêndido *O mundo de cristal*, no entanto renegado. No primeiro caso, é a secura da terra, sua poeira, que mergulha a comunidade dos homens numa idade ancestral inóspita. É uma outra versão da "ubiquidade da poeira" evocada pelo idiota de *Androides sonham com ovelhas elétricas?*. Em *O mundo de cristal*, penetramos numa região do mundo onde tudo cristaliza, vegetais, animais e humanos, como se estivessem presos em enormes blocos de gelo; mas o crescimento dos cristais se faz menos de acordo com as dimensões do espaço que do tempo. "Como se uma sequência de imagens deslocadas mas idênticas do mesmo objeto fosse produzida por refração, através de um prisma, mas com o elemento temporal representando o elemento da luz."[12] O tempo começa a crescer em duas direções ao mesmo tempo, para o passado e para o futuro, como imagens espelhadas, mas encerrando o presente no cristal de uma morte eterna.

A FC descreveu várias vezes essa petrificação dos homens na matéria. É o que acontece em *O mundo de cristal*, mas também em *Mundo em chamas*, em que os homens mal se distinguem da poeira que os cobre, desenhado sobre os rostos uma máscara seca.[13] As narrativas de FC estão com frequên-

12 J. G. Ballard, *La Forêt de cristal*. Paris: Denoël, "Lunes d'encre", 2008, p. 72. Podemos repetir a análise para o conjunto dos seus primeiros romances: cada dimensão do tempo remete a um elemento material privilegiado: a água para o passado, a areia (ou a poeira) para o futuro, o concreto para o presente, o cristal para a eternidade. Cf. o artigo de David Pringle, "Le quadruple symbolisme de J. G. Ballard" in Mavridorakis (ed.), op. cit., pp. 115-144.

13 Esse aspecto também se encontra também em Murakami, desde *O Impiedoso País das Maravilhas e o Fim do Mundo*: paralelamente ao mundo

cia às voltas com temporalidades que excedem a totalidade do tempo humano, de maneira que ela tem que pensar, ao mesmo tempo, a pré-história e a pós-história desse tempo, fazendo da passagem do tempo histórico humano uma espécie de parênteses ou de alternativa. Este aspecto está presente desde os primórdios da FC, como mostram as duas vertentes da obra pioneira de Rosny aîné, romancista dos tempos pré-históricos e pós-históricos. Esse é igualmente o sentido da floresta em Ballard: "Essa floresta iluminada reflete, de certa forma, um período anterior de nossas vidas, talvez a lembrança arcaica inata de algum paraíso ancestral no qual a unidade de tempo e de espaço era a assinatura de cada folha ou flor".[14] Se esse tempo pré-humano é idealizado, o tempo pós-humano não é idealizado; pelo contrário, ele é de uma materialidade que dissipa qualquer idealidade.

É que o homem perdeu a continuidade cósmica. À sua volta, uma atomização generalizada, uma dispersão provocada por um grande vento que varre uma terra que logo estará inabitada entregue a elementos hostis, indiferentes ao homem, assim como o homem é indiferente a tudo, inclusive a seu próprio destino, vento do niilismo que só erotiza a destruição e o vazio, como em *Crash*. O homem é um fragmento de descontinuidade doentia da qual ele só fica curado com a morte que o entrega à tranquila continuidade do mundo material. Vida e matéria são capazes de continuidade, mas não mais o homem. Como diz Smithson, "estou

---

real, existe um outro mundo no qual o tempo parou, no qual os indivíduos exploram um passado imemorial fabuloso, prisioneiros de uma memória psicótica mortífera. Essa *Spaltung* é a origem do fantástico de Murakami e está na maioria dos seus romances.

14 J. G. Ballard, *La Forêt de cristal*, op. cit., pp. 89-90.

convencido de que o futuro se perdeu em algum lugar, no lixo do passado não histórico":[15] acessos de pistas rodoviárias não mais usadas, terrenos baldios, matagais, prédios desertos, carcaças de automóveis, um mundo abandonado, como se o homem tivesse acabado com a vida na terra.

O futuro é o homem que não está mais lá, como mostram as zonas abandonadas onde *o fim do mundo já começou*. Essas imagens são estritamente contemporâneas das imagens chamativas do crescimento industrial e pós-industrial, fantasmas de prosperidade e de luxo que as mascaram temporariamente, empurrando-as para a periferia. O luxo – mortuário – só tem, aliás, uma função: dissimular a miséria sob seu brilho que cega. Limpeza, riqueza e luxo parecem cada vez mais inúteis. Se a entropia ganha, é porque os homens já estão mortos, afetivamente abandonados, donde o estranho gosto dos personagens pelos perigos mortais. A entropia não se apresenta, então, de forma alguma, sob os mesmos aspectos que em Dick. Se nesse último a entropia aparece às vezes sob os traços de um demônio ou de um deus maléfico, é porque os homens lutam ativamente contra ela, em vez de se resignarem ao seu triunfo desolador, como em Ballard.

15 Citado em Mavridorakis (ed.), op. cit., p. 213, e o texto de Smithson, "L'entropie et les nouveaux monuments", p. 179 sq.

CAPÍTULO 6

Os donos de mundos

– Eles nunca vão tomar o meu mundo.
– Você não tem mundo. Você tem um escritório.
PHILIP K. DICK

TOMEMOS O TEOREMA DICKIANO *TODO MUNDO PERTENCE a um psiquismo* e sua variante: todo mundo pertence a vários psiquismos que compõem, então, um mundo coletivo, "poliencefálico", como aquele da tripulação de *O labirinto da morte*, que acredita estar explorando um novo planeta, quando se trata, de fato, de uma projeção mental coletiva, ou então aquele da comunidade dos drogados de *Os três estigmas de Palmer Eldritch*, que recria um mundo artificial comum em volta de bonecas Barbie. Outra maneira de dizer que todos os mundos são mentais. Corolário: *um mundo pertence àquele que produz ou controla suas aparências*. Enquanto as aparências obedecerem às condições fixadas por um personagem, aos seus hábitos, ao seu conhecimento das leis da natureza, ele pode dizer que se trata do "seu" mundo. Ele tem uma ideia, embora vaga, daquilo que é possível e impossível, daquilo que é provável ou improvável etc. nesse mundo. Ainda mais se ele modifica suas aparências como quer, se age sobre ele, enfim, se exerce ali livremente a sua vontade. Ele vive em um mundo que conhece, transforma e domina.

É o que ilustra, a seu modo, o conto *The World She Wanted*. Uma jovem voluntariosa e exigente avisa ao homem que acaba de conhecer que ele entrou no mundo "dela". O homem se surpreende. "Sabe, Larry, há *muitos* mundos... E de todos os tipos. Cada um tem seu próprio mundo, Larry, seu próprio universo. Que só existe para ele e para sua própria felicidade. Acontece que aqui é o meu mundo." E ela logo informa, aliás, sem pedir a opinião dele, que eles vão se casar, "porque você está no melhor dos mundos possíveis para mim (...). Você tem um mundo todo seu, em algum lugar; neste aqui, você é apenas um aspecto da minha vida. Não totalmente real. Eu sou a única pessoa que é *inteiramente* real neste mundo. Todos vocês estão aqui para mim. Reais apenas *em parte*" (N1, p. 710). O mundo todo depende unicamente do desejo dela; ela tem o poder de decidir aquilo que é real ou não. Aquilo que não lhe interessa, que a aborrece, que pertence a um passado distante não existe ou existe precariamente.[1] Sim, o mundo é minha representação – até o momento em que o homem toma consciência de que ele pode suprimi-la do "mundo dele".

Cada personagem controla legitimamente as aparências de seu mundo e pode decidir quais delas são "reais" e quais são irreais, ilusórias etc. Como a jovem do conto, muitos personagens de Dick têm uma fantasia de onipotência: sonham viver exclusivamente no mundo deles, um mundo em que eles decidem tudo, no qual exercem uma total e plena soberania sobre as aparências, como um deus. O mesmo acontece quando esses mundos são criados com a colaboração de vários psiquismos. É o caso das empresas, dos aparelhos de Estado, das organizações religiosas: criar

1 N1, p. 719: "Não tenho certeza de que Napoleão tenha existido no meu mundo (...). Creio que ele está apenas nos arquivos, mesmo que tenha existido um indivíduo com esse nome, em outros mundos. No meu, Hitler foi derrotado; Roosevelt morreu – eu lamentaria, mas não o conhecia e depois, de qualquer forma, ele não era assim tão real; tanto um quanto o outro eram apenas imagens saídas de mundos pertencentes a outras pessoas".

coletivamente um mundo do qual fixamos os limites e controlamos as aparências.

Só que, em Dick, a situação se complica rapidamente. Como se pode querer viver num mundo seu quando ele para de funcionar, quando as aparências começam a escapar do controle, quando coisas inexplicáveis acontecem, como é o caso, por exemplo, da droga? Para Dick, é o sinal manifesto de que alguém está tentando tomar o controle do seu mundo. Podemos sempre dizer que os efeitos de uma droga são passageiros. Mas, se você se torna dependente dela, significa que o traficante tomou indiretamente o controle do seu mundo. Cetamina, anfetamina, dopamina - qualquer coisa serve. Ele fornece as aparências e a "realidade" que faltam a você, a partir de agora, então, o seu mundo pertence a ele. Reencontramos o corolário inicial: *um mundo pertence àquele que o produz ou que controla suas aparências* - ele pertence àquele que decide, no seu lugar, sobre o que deve ser considerado real, importante, essencial.

Podemos objetar que a droga nada produz de real. Mas como saber? O que nos garante que não é o inverso, que não estamos condicionados desde o nascimento e que as drogas permitem, pelo contrário, enxergar melhor, como no conto *A fé dos nossos pais,* no qual os extraterrestres invadiram a Terra e fornecem aos humanos uma água alucinógena que mascara a realidade. Só uma droga permite justamente erguer o véu e descobrir a verdade.[2] Mesma coisa com a loucura: o que nos

2 A droga tem mais ou menos o mesmo papel dos óculos no filme de John Carpenter *Eles vivem* (1988). Ray Faraday Nelson, autor do conto que inspirou o filme (*Eight O'Clock in the Morning,* lançado em 1963), era, aliás, próximo de Dick; juntos, eles escreveram o romance muito delirante *The Ganymede takeover* (1967).

garante que os esquizofrênicos não têm acesso a uma verdade superior? "Meus textos encenam mundos alucinados, drogas tóxicas que provocam o delírio e sujeitos psicóticos. Mas eles servem de antídoto; ao invés de intoxicar, eles desintoxicam."[3] Isso confirma que um mundo pertence àquele que controla suas aparências, seja um poder político (terrestre ou extraterrestre), uma potência industrial, um deus, um traficante ou entidades de poderes paranormais.

De certa forma, efetua-se uma passagem que se confunde, em Dick, com aquela da FC. Podemos dizer que o cérebro desfalcado pertence aos traficantes; que o cérebro, os pulmões e as artérias do fumante pertencem à indústria do tabaco; que as forças de trabalho pertencem às potências econômicas que as compram. Isso só diz respeito às partes de mundo no interior de uma realidade preexistente maior. Essa passagem se efetua quando não estamos apenas despossuídos de partes de mundo, mas da totalidade do próprio mundo. O problema torna-se, então, ontoteológico. É a própria realidade do mundo que depende de um outro psiquismo da mesma maneira pela qual as religiões concebem o mundo como uma criação divina. O mundo se torna uma projeção, uma emissão programada por um psiquismo superior, donde a íntima correlação entre os deuses e os traficantes em Dick, pois os traficantes partilham com os deuses o poder de criar todas as peças de um novo mundo.

Isso significa que, em Dick, as aparências não são dadas – elas são sempre emitidas por um psiquismo ou uma entidade

3 Sutin, p. 215. Cf. *Glissement*, R2, p. 620: "O objetivo da vida é desconhecido, e por isso a verdadeira maneira de ser não é accessível às criaturas vivas. Quem pode dizer se os esquizofrênicos têm ou não têm razão? Senhor, eles realizam uma corajosa viagem".

qualquer. Não há ser-no-mundo porque já estamos sempre no mundo de um outro. Não há dado, existe apenas aquilo que é transmitido, difundido, projetado. O idealismo de Dick vem aqui ao encontro das teorias da comunicação que concebem as interações com o mundo como uma relação entre psiquismos ou pseudopsiquismos que trocam mensagens. O mundo não tem mais realidade própria, independente. Aquilo que chamamos de "mundo exterior" é apenas o limite comum ou a interface entre diversos sistemas de comunicação. Os termos da relação não são mais pensados a partir da dualidade sujeito/mundo, mas da dualidade transmissor/receptor da qual o mundo, a partir de então, é apenas a interface.

Ou seja, a relação do homem com o mundo *é uma relação entre dois psiquismos*, sendo que o mundo é ele mesmo psiquismo, pseudopsiquismo ou um conjunto de informações emitidas por um psiquismo superior. Como a teoria da informação poderia não ter sido conveniente para Dick, que imagina tudo como uma guerra de psiquismos? Compreendemos que ele tenha podido imaginar o mundo como projeção, holograma, artifício projetado por um deus ou uma potência extraterrestre. Essa comunicação entre psiquismos favorece a aliança da cibernética com a religião, como vemos em *Cibernética e sociedade*, de Norbert Wiener, que Dick leu com atenção. Novamente, Deus não é mais o Autor do grande livro da natureza cujos signos o homem tem que decifrar. Ele se tornou o Emissor e o Produtor de um gigantesco programa de televisão. "Considerar o conjunto (isto é, o mundo) como autenticamente real seria o mesmo que considerar como reais uma imagem, um programa de televisão e o conteúdo narrativo associado" (E, I, p. 463).

O que é a Paixão de Cristo senão um programa de televisão? "O cristianismo é como uma dramática televisão; o que estou tentando entender, há seis anos e meio, não é o tema do drama, mas como funciona o aparelho de televisão que o transmite" (E, II, p. 279). Em várias narrativas, o Cristo se torna, aliás, um personagem televisivo cujo calvário é difundido através de "caixas de empatia" graças às quais os telespectadores penetram em um novo mundo; eles se fundem, momentaneamente, com esse Cristo falso e participam da sua Paixão virtual.[4] Em *Androides sonham com ovelhas elétricas?*, esse Cristo televisivo tem um rival, um apresentador cômico muito popular. "Eles estão competindo. Mas pelo quê? Pelos nossos cérebros, ele decidiu. Eles estão brigando pelo controle dos nossos psiquismos."[5] A guerra dos psiquismos está sempre no plano de fundo.

Mais uma vez, a situação do idealista mudou. Ele não está mais diante de um livro, mas diante das telas. O que chamamos de "mundo" tornou-se transmissão de informações, imagens, sons, signos ou unidades informativas, ora descontínuas (*bits*), ora contínuas (*gestalts*). Às televisões, vieram se juntar os computadores, através dos quais interações e comunicações só se intensificaram. O mundo inteiro entra nas máquinas, passa pelas telas, se digitaliza. "Há uma imensa sala de comando onde são administrados os dados informáticos vindo ou indo [de/para o nosso mundo], uma troca permanente de informação."[6] É uma

4 Ver o conto "A pequena caixa preta" in *O vingador do futuro*, trad. Ricardo Gouveia. São Paulo: Pauliceia, 1991; e *Androides sonham com ovelhas elétricas?*, trad. de Ronaldo Bressane. São Paulo: Aleph, 2017.

5 *Les androïdes rêvent-ils de moutons électriques?*, p. 93.

6 E, II, pp. 82 e 260: "Tudo está escrito, e desde o começo, assim como sabem os judeus, graças à revelação contida na Torá. Na origem, a história sagrada é informação; primeira em termos de sequência temporal; primeira por ordem de ontologia. *O ritual mítico é uma chave de entrada na*

das principais operações de *The Exegesis*: juntar teoria da informação e teologia.

Berkeley havia levado o idealismo até o imaterialismo, mas o novo idealismo informacional só é garantido pela desmaterialização. Ele é o grande promotor das existências desmaterializadas. Todas as formas de existência estão reduzidas a pacotes de informação integralmente digitalizados, injetados em uma grande variedade de programas. É a nova doutrina que deveria ser chamada de desmaterialismo. Ela não é uma negação do materialismo, mas talvez sua denegação, sua perpétua abstração digital. Seu programa? Uma desmaterialização e uma informação generalizadas do mundo. A matéria perdeu a espessura e a opacidade; ela se tornou transparente, visto que comunica seus dados e que podemos decifrar suas mensagens. E isso vale idealmente para toda a matéria, matéria bruta, mas também matéria sensível, matéria afetiva, matéria cerebral. Todas as matérias se tornam transparentes, comunicantes. "A vida no século XXI era um inferno. A transmissão da informação tinha atingido a velocidade da luz."[7]

Por isso há tantos telepatas em Dick: o cérebro tornou-se transparente, o que permite ler os pensamentos do vizinho. Como os indivíduos fornecem tantas informações quanto recebem, nem é mesmo mais necessário recorrer a poderes paranormais. A informatização permite uma transparência total: "Ele inseriu o cartão na fenda para transmitir seus dados codificados. A mônada consultou seu banco de memória para buscar todas as referências que ele havia

---

narrativa sagrada. Ele funciona da mesma maneira que, em um computador, um comando 'enter' para um programa informático dado".

7 *La sortie mène à l'intérieur*, N2, p. 1064.

consultado no passado – e em que ordem; agora, ela possuía a integralidade do seu saber formal. Do ponto de vista dos arquivos, ela agora sabia tudo sobre ele e poderia, portanto, determinar (...) o ponto seguinte sobre o gráfico que representava a curva da sua vida mental" (R3, pp. 489-490).

Se cada indivíduo está reduzido a um pacote de informações, será possível saber "mais sobre ele do que ele mesmo". É o fim de toda vida privada, de todo anonimato.[8] O menor de nossos movimentos é detectado por sistemas de controle que atuam sobre todos os aspectos da existência. Dick está muito consciente desse controle constante das vidas individuais, cujo desenvolvimento crescente ele pressente. "Pois quantos outros *bip-bip* lançaremos, ou quantos nossos filhos lançarão, em contextos sobre os quais ainda não sabemos nada (...). Os jovens de hoje vieram ao mundo nessa sociedade que tudo escuta, e eles estão bem conscientes disso, considerando que esses dispositivos existem *a priori*."[9] As sociedades tornaram-se amplas sociedades de controle, e os indivíduos, "seres vivos transformados em informações vendidas em miligramas".[10]

•

Essa digitalização ou desmaterialização tem um correlato: a artificialização crescente dos mundos e de seus habitantes. É o grande princípio analógico da teoria da informação:

8 R3, p. 900: "Você sabe muito bem que toda vida privada mais ou menos desapareceu, nesses cinco últimos anos (...). Você trabalha para um serviço de informações; não me faça rir".

9 *Si ce monde*, p. 49.

10 *Le zappeur de mondes*, R3, p. 727.

matérias, vidas, pensamentos, máquinas são concebidas do ponto de vista das informações que elas recebem e transmitem. É claro que as máquinas inteligentes são apenas ferramentas e só têm uma relação de analogia com as formas vivas e pensantes. Sua "inteligência" é apenas a implementação de um processo retroativo de autorregulação. As máquinas, é claro, só têm vida e inteligência artificiais. Mas é *justamente a partir dessa mesma artificialidade* que nada as distingue mais legitimamente das formas vivas, nem das formas de pensamento, quanto à transmissão de informações.[11] "A sinapse no organismo vivo corresponde ao comutador na máquina."[12] Certamente não confundiremos o rapaz que serve o café com a máquina de café, mas, confrontados ao inimigo metafísico que é a entropia, todas as diferenças se desfazem: estejamos unidos contra o inimigo comum. Pensados em termos de informações, vida, homem e máquina passam por um mesmo plano, além das suas diferenças de natureza. A analogia se propaga nas duas direções: as máquinas são *a imagem* dos vivos e os vivos são *a imagem* das novas máquinas. A teoria da informação permite tornar artificiais todas as formas de existência. Tudo é comunicação! Tudo é artifício! Máquinas humanas e homens-máquina.

Cibernética e teoria da informação se apresentam assim como uma *metafísica de – e para – os mundos artificiais*. Se, de fato, trata-se de uma metafísica, é porque, no plano de fundo,

11 Afirma Wiener, op. cit., p. 64: "Quando comparo o organismo vivo com determinada máquina, não quero dizer que os processos químicos, físicos e espirituais da vida tal como a conhecemos, geralmente, são os mesmos das máquinas. Isso significa simplesmente que uns e outros são exemplos de processos anti-entrópicos locais...".

12 Ibid., p. 66.

se desenrola a gigantomaquia da Ordem e da Desordem. Mas essa metafísica não tem como única função legitimar a artificialização do mundo; ela tem também como objetivo legitimar o desenvolvimento das novas tecnologias de controle no campo social. Considerando a aptidão das máquinas inteligentes para calcular, prever, controlar, mas também sua fiabilidade na realização dessas tarefas e desses programas, é preciso integrá-las de forma imperativa no campo social como atores efetivos e criar novos complexos homens-máquina. Elas são armas indispensáveis na luta cósmica da humanidade contra a entropia.

A intrusão das máquinas cibernéticas nas nossas vidas recebe assim sua legitimação metafísica: elas estão ao nosso lado na luta cotidiana contra as desordens da entropia e, com isso, nos ajudam a nos adaptar ao meio social criado pelo "progresso".[13] Por si só, a entropia justifica todas as novas tecnologias de controle. Informação é um outro nome para designar a adaptação forçada.[14] Ou seja, a androidização do homem obedece a uma necessidade metafísica. "Suponho que as máquinas tirânicas seriam introduzidas na nossa vida de maneira insidiosa e progressiva... pela porta de serviço, por assim dizer. Elas não teriam nunca o aviso *perigo*, mas sim *para seu prazer* (...). Porém a fatura não demoraria a ser enviada para o feliz proprietário, pois, na nossa sociedade, é

13 Ibid., pp. 77-78: "Modificamos tão radicalmente nosso meio que temos que nos modificar também para viver na escala desse novo meio ambiente". Desse ponto de vista, a cibernética é a ferramenta privilegiada do imperativo de adaptação descrito, principalmente, por Barbara Stiegler, *Il faut s'adapter*. Paris: Gallimard, 2019.

14 Ibid., p. 50: "Informação é um nome para designar o conteúdo daquilo que é trocado com o mundo exterior à medida que nos adaptamos a ele e aplicamos os resultados da nossa adaptação".

preciso pagar por ter sido reduzido à escravidão. O que é o maior dos insultos."[15] Os mundos artificiais do capitalismo são como parques de diversão, e a entrada é paga.

Todas as observações de Dick vão no mesmo sentido. As novas tecnologias não têm como objetivo transformar o mundo existente, mas substituí-lo por mundos artificiais e nos fazer viver em mundos "falsos" cujas aparências estarão, a partir de então, sob controle. Vamos tomar posse do seu mundo, vamos desmaterializá-lo, torná-lo artificial para colocá-lo sob nosso controle; podemos alterar suas aparências, impor nossas condições de utilização para que você faça parte dele etc. A publicidade, as mídias, os computadores se apropriam do mundo "exterior" fazendo com que ele desapareça atrás dos painéis publicitários, dos letreiros luminosos e das cidades factícias. Mas eles também querem se apropriar do mundo "interior" dos psiquismos. Este é o objetivo dos mundos artificiais: controlar os cérebros, como fazem as drogas. Se você controlar as emissões de informações, então você controla aquilo que chamamos de "realidade". O mundo pertence a você.

Não há droga leve em Dick. Temos sempre drogas pesadas que atacam diretamente o cérebro e o controlam, como em Burroughs. É por isso que a droga se torna religião, experiência religiosa como a religião era ópio do povo.[16] O paralelo droga/religião está particularmente presente em *Os três estigmas de Palmer Eldritch*, em que as duas drogas em

15 Cf. Philip K. Dick, *Nouvelles 1953-1963*. Paris: Denoël, "Présences", 1997, p. 269.

16 Em *VALIS*, Dick destaca que a Califórnia passa do interesse pela droga ao interesse pela religião: "A época da droga havia passado e todo mundo buscava uma nova obsessão. Para nós, graças a Fat, foi a teologia".

circulação são comercializadas por dois traficantes descritos como divindades rivais. A primeira é uma droga de comunhão: os indivíduos se associam com bonecas do tipo Barbie que lhes permitem escapar da vida dura das colônias marcianas. "Muitos colonos encontram na própria droga uma experiência religiosa que lhes convém."[17] Ela é a hóstia que os personagens recebem para cair em um mundo estereotipado, controlado pelo traficante. O mundo das bonecas Barbie torna-se uma espécie de creche para *junkies*.

A segunda droga nos introduz em um mundo bem mais "real" que o mundo falso das bonecas e cujo espaço-tempo está sob o controle exclusivo do traficante. Seu slogan: "Deus promete a vida eterna. Nós a dispensamos."[18] A contrapartida é que não podemos nos livrar disso; estaremos permanentemente à mercê das alterações que o traficante, espécie de deus malfeitor, impõe a esse mundo. Não há mais distinção entre mundo real e mundo alterado, como para a primeira droga; nunca temos certeza de voltar definitivamente para o mundo real. Deuses e traficantes têm em comum o fato de serem fornecedores de outras realidades. Se os traficantes têm um poder divino, é porque eles colocam no mercado novas realidades que lhes permitem controlar psiquismos, de agora em diante cativos. Como os fiéis, os drogados entram em um mundo feito para eles, mas que pertence sempre a um outro.

•

17 *Le Dieu venu du Centaure*, p. 158 (e 110).

18 *Le Dieu venu du Centaure*, p. 189.

Os múltiplos mundos de Dick mostram que o modo de possessão dos mundos mudou. De maneira geral, governar um mundo consistia em estabelecer ou manter uma ordem como *forma de organização*. O mundo era criado de uma vez por todas, suas matérias eram organizadas de acordo com formas definidas. Segundo esse esquema hilemórfico, a forma de organização preexiste, por direito, às matérias que ela organiza. Só é chamado de "real" o mundo cujas populações se submetem a essa forma de organização preexistente, o que permite excluir ou desclassificar todos os fenômenos que não se submetem a isso, considerados como reivindicações ilegítimas. Governar significa, portanto, impor a autoridade de uma forma exclusiva de realidade. Inversamente, a realidade se confunde com o conjunto dos imperativos dessa forma de organização. "Se você vê psicólogos aparecendo na escola, na fábrica, na prisão, no exército etc., é que eles tiveram que intervir exatamente no momento em que cada uma dessas instituições tinha obrigação de fazer a realidade funcionar como poder, ou então, fazer valer como realidade o poder que se exercia no seu interior."[19]

O que acontece quando não se trata mais de forma, mas de informação; quando o mundo é reduzido a uma interface entre emissores e receptores? Não afirmamos mais a realidade de um mundo preexistente - pelo contrário, é preciso, de agora em diante, produzi-la continuamente. Não mais impomos uma forma ordenada preexistente, ela é substituída por fluxos de informação de um mundo em perpétua transformação. Privado de qualquer fundamento, o mundo se torna instável, precário. Mas essa instabilidade, essa fluidez é justamente aquilo que exige e "justifica"

19 CF. Foucault, *Le Pouvoir psychiatrique*, op. cit., p. 187 sq.

que se exerça um controle de uma ponta à outra, da emissão até a recepção. Para isso, os poderes não impõem mais uma forma, eles exigem transformações incessantes.[20] A realidade não preexiste mais, ela é produzida através da multiplicação de mundos artificiais destinados a garantir o controle dos psiquismos. *A guerra dos psiquismos tornou-se uma guerra pelo controle da informação*. E é isso que a FC deve descrever. "O aperfeiçoamento contínuo da tirania estatal, tal como nós, no ambiente da ficção científica, a antecipamos para o mundo de amanhã, essa sociedade 'antiutópica' que é nossa preocupação essencial, o aumento da ingerência do Estado na vida privada do indivíduo, do Estado que sabe demais sobre o indivíduo e – quando ele toma conhecimento ou acredita tomar conhecimento de algo que ele condena – seu poder e sua capacidade de esmagar o indivíduo, tudo isso, todo esse processo infernal, se entendemos bem, repousa sobre o uso da tecnologia como instrumento."[21] Talvez os Estados não sejam mais os únicos a exercer esses poderes, mas o essencial subsiste: colocar a tecnologia a serviço do controle das vidas.

20 Cf. Gilles Deleuze, *Conversações*, trad. de Peter Pál Perlbart. São Paulo: Editora 34, 2007, p. 217: "Estamos entrando nas sociedades de controle, que funcionam não mais por confinamento, mas por controle contínuo e comunicação instantânea".

21 *Si ce monde*, p. 45 e o resto da passagem.

CAPÍTULO 7

Os mundos artificiais

Acredito que esperamos ter dificuldades na vida,
mas deveria haver um limite.
PHILIP K. DICK

ENTRE OS MUNDOS CRIADOS POR DICK, OS MAIS NUMEROSOS são os mundos "falsos" ou artificiais. Se os mundos desmoronam tão facilmente, talvez seja por essa razão. O falso se insinua por toda parte: falsos mundos, falsos humanos, falsas lembranças,[1] alucinações, delírios, psicanalistas androides e ovelhas elétricas. Podemos ver nisso uma consequência da paranoia de Dick, mas também um dado da sociedade americana dos anos 1950, com o aparecimento da televisão, a invasão das imagens publicitárias, os grandes centros comerciais, os parques de diversões tipo Disneylândia, toda uma série de universos artificiais que invadem o campo social e contaminam os outros mundos. Os Estados Unidos – e particularmente a Califórnia, onde Dick viveu quase a vida toda – se confundem para ele com uma realidade "falsa", "um verdadeiro parque de diversões para crianças grandes".[2]

"Veja bem, sr. Lem, aqui na Califórnia não há cultura. Só há imitações. Então nós que crescemos aqui, que vivemos

1 *Si ce monde*, p. 149: "E esse tema das falsas lembranças é um fio condutor de todos os meus escritos, há anos".

2 *Substance mort*, p. 18. Sobre o caráter artificial da Califórnia, ver, por exemplo, o retrato de Los Angeles por Mike Davis, *City of Quartz*. Paris: La Découverte, 2006. Sobre a maneira pela qual o "falso" já se desenvolve nos parques de diversões de Coney Island no começo do século XX, cf. Rem Koolhaas, *New York délire*. Marselha: Parenthèses, 2002.

e escrevemos aqui, nada mais temos para colocar nos nossos textos; vemos bem isso em *On the Road*.[3] E estou sendo sincero. A costa oeste não tem nem tradição, nem dignidade, nem moral.... Mas foi aqui que nasceu o monstro Richard Nixon. Como criar romances baseados nessa realidade que não tenham um lado falso? A outra solução seria se dedicar a horríveis fantasias, descrevendo o que ela deveria ser; não, é preciso incluir o falso, confrontá-lo a si mesmo, assim como o senhor formula tão bem no seu artigo.... Daí os elementos que compõem certos livros meus, como *Ubik*. Se Deus Se manifestasse aqui para nós, Ele o faria sob a forma de um pulverizador enaltecido na televisão."[4]

"Confrontar o falso a si mesmo" talvez seja uma das melhores descrições da obra de Dick. Isso quer dizer principalmente: incluir os procedimentos da publicidade na narrativa, construir mundos tão artificiais quanto aqueles dos parques de atrações, reconstituições tão factícias quanto as dos cassinos de Las Vegas. É isso que faz de Dick um autor próximo da Pop Art. Se pudemos aproximar Ballard do minimalismo e de Smithson, Dick está decididamente do lado do pop.[5] Não significa que os *pulps* de FC pertençam à cultura pop da mesma forma que os *comics* de Lichtenstein ou os hambúrgueres de Oldenburg. Mas há uma promoção comum do falso, da "imitação" ou do "kitsch", uma mesma

3 Romance de J. Kerouac. Título no Brasil *On the road: pé na estrada* (N.T.).

4 Suttin, p. 446. Dick se refere ao artigo elogioso que Stanisław Lem dedicou a ele e que retrata, ao mesmo tempo, de forma impiedosa, a FC americana, "Un visionnaire parmi les charlatans".

5 Ver o artigo de Mattia Petricola "Idéologie et ontologie des lieux de vie dans Ubik de Philip K. Dick", p. 5. Sobre Ballard, cf. Mavridorakis (ed.), op. cit.

proliferação de objetos e imagens no mesmo nível dos painéis publicitários, como tantas reproduções literais dos produtos de consumo corrente na sociedade americana. Encontramos esses aspectos em *Ubik*, certamente o mais "pop" dos romances de Dick, em que cada capítulo é precedido de anúncios publicitários e no qual circulam notas tão falsas quanto as de Warhol ou Lichtenstein.[6] A realidade tornou-se totalmente factícia, ou melhor, assim como a ironia pop, o factício tornou-se a nova realidade que deve ser reproduzida o mais *literalmente* possível.[7]

Nesse sentido, a Pop Art é o simétrico inverso do minimalismo. O minimalismo trava uma luta declarada contra o suposto "ilusionismo" europeu, beneficiando uma literalidade que representa a derradeira verdade no limite da tautologia. É a famosa fórmula de Frank Stella: *"What you see is what you see"*.[8] Uma pintura não é outra coisa senão uma superfície pintada, e é essa verdade rasa, literal que deve ser exposta, desnudada de toda "ilusão". Encontramos a mesma literalidade na Pop, não mais como apresentação de uma verdade nua, mas como promoção de uma falsidade e de um artifício generalizado, sempre redobrados e amplificados. Não se trata mais de espaços esvaziados, limpos, ocupados por

6 Cf. Petricola, op. cit.

7 Cf. a declaração de Warhol in Hal Foster, *The First Pop Age*. Princeton, Nova Jersey: Princeton University Press, 2012, p. 110: "Eu não quero que as coisas sejam essencialmente as mesmas, quero que sejam exatamente as mesmas. Porque quanto mais você olha exatamente a mesma coisa, menos significação ela tem, e mais você se sente melhor, vazio". E Roy Lichtenstein, pp. 275-276: "Não desenho uma imagem para reproduzi-la, desenho para recompô-la. Também não tento modificá-la o máximo possível. Tento introduzir o mínimo de mudanças possíveis".

8 Em inglês: "O que você vê é o que você vê". (N.T.)

formas puras, isoladas, que conferem ao vazio uma voluminosidade e até mesmo uma teatralidade novas, como no minimalismo (a menos que essas formas se abram sobre os perigos da entropia e do "mundo do túmulo" de Ellen West?).[9] O espaço pop, pelo contrário, está saturado de imagens; é um espaço cheio, invadido pelas imagens triviais do campo social, todo o "kitsch" da cultura de massa. Em uma das primeiras exposições de Warhol, os visitantes percorriam estreitos corredores, entre pilhas de caixas Brillo, pacotes de Kellog's, conservas de frutas em calda, como em um supermercado "falso".[10] É um dos aspectos essenciais em Warhol, a repetição que prolifera sobre si mesma, a multiplicação das imagens e dos retratos destinados a ocupar todo o espaço. Ou ainda os objetos gigantes de Oldenburg, a mudança de escala dos *comics* em Lichtenstein. Tudo se passa como se os minimalistas isolassem essências para revelar melhor a verdade, enquanto os pop faziam proliferar as aparências para melhor revelar sua vacuidade ou o caráter factício.[11]

Um *primeiro* aspecto que aproxima os romances de Dick da Pop é a presença invasora da publicidade. No seu universo, somos menos invadidos pelos extraterrestres do que

9 Cf. Thierry de Duve, *Essais datés I, 1974-1986*. Paris: La Différence, 1987, p. 184 sq. E Georges Didi-Huberman, *O que vemos, o que nos olha*, trad. de Paulo Neves. São Paulo: Editora 34, 2010.

10 Cf. o testemunho de Robert Indiana in Victor Bockris, *Warhol*. Londres: Frederick Muller, 1989, p. 198 e a fotografia da exposição na Stable Gallery de Nova York, em *Regards sur l'art américain des années soixante*. Paris: Territoires, p. 81.

11 Essa dualidade prolonga, à sua maneira, a polaridade vanguarda/kitsch exposta por Greenberg em *Art et Culture*, de acordo com uma série de oposições marcadas: essência/aparência, rarefação/saturação, sério/irônico, verdadeiro/falso.

pela publicidade, como em *O tempo dos simulacros*, em que as publicidades vivas, do tamanho de uma mosca, tentam penetrar em um carro para entregar sua mensagem comercial ao motorista. "As agências publicitárias, assim como a natureza, soltavam bandos enormes delas."[12] Mas o conto que melhor ilustra o poder ao mesmo tempo intrusivo e invasivo da publicidade é *Argumento de venda*, que conta a história de um homem que volta do trabalho em Ganímedes, depois de vários milhões de quilômetros diários, durante os quais ele é sempre assaltado auditiva, visual e mentalmente por publicidades de todos os tipos.[13] Um dia, mal ele chega em casa, aparece um robô multifunção que começa uma série de demonstrações cômicas, como se fosse um representante de comércio querendo vender a si mesmo. "É o que eles sempre quiseram fazer, não é? Um produto que se venda sozinho." O robô destrói os móveis; cava um túnel através do piso para mostrar como escapar em caso de agressão; esburaca uma parede com um único soco para mostrar como atacar intrusos e ladrões; joga toda a comida no chão da cozinha e depois conserta os estragos modernizando de passagem todos os eletrodomésticos da casa, pintando as paredes, pulverizando um gás contra as bactérias tóxicas em todos os cômodos. Irritado, o homem pede a ele que vá embora imediatamente. Resposta do robô: "Você não pode me dar ordens. Até que tenha me comprado pelo preço indicado (...). Você vai se sentir melhor quando

12 *Simulacres*, R3, pp. 248 e 308, ou ainda *Le zappeur des mondes*, R3, p. 692 e *Le Guérisseur de cathédrales*, R4, p. 740.

13 N1, p. 1185 sq. O título em francês (*Service avant achat*) foi modificado para ficar mais próximo do original (*Sales Pitch*). [Ed. bras. "Argumento de venda" in *Sonhos elétricos*, op. cit.].

tiver me delegado todas as suas responsabilidades" (N1, pp. 1194-1195). Sozinho, esse robô encarna a força intrusiva da publicidade em Dick e sua pretensão de saber melhor que o consumidor aquilo que este último deseja verdadeiramente, pois tudo foi concebido para ele, para seu conforto, seu gosto, seus prazeres, de acordo com normas cientificamente estudadas, promessa de um novo mundo.

Um *segundo* aspecto que o aproxima da Pop é a onipresença da duplicação como reveladora do caráter falso ou "imitante" de uma realidade dada. Tudo pode ser duplicado, tanto no interior de um mesmo mundo quanto de um mundo a um outro, assim como a fotorreportagem da *Life* alternativa em *O homem do castelo alto*, em que uma família de nazistas comuns "na sala de estar, diante da televisão" é um duplo da mesma imagem no nosso mundo. Existem até mesmo extraterrestres pop cuja única função consiste em duplicar objetos manufaturados, como as criaturas de *O labirinto da morte* que "fazem duplicatas dos objetos que levamos para elas. Coisas pequenas, como um relógio de pulso, uma xícara, um barbeador elétrico". Ou ainda a ameba marciana de *Espere agora pelo ano passado*, que se duplica mimeticamente e toma a forma de um casaco de visom. E também os Biltong, extraterrestres de *Pague pela impressora*, que adoram duplicar os objetos, mesmo que, ao envelhecer, acabem produzindo aproximações inutilizáveis.

Duplicatas, desdobramentos – tudo pode ser reproduzido. Até mesmo os humanos podem ser duplicados, recriados – derradeiro pop –, como os personagens que Dick chama justamente de "simulacros" e, mais tarde, de androides. Em *We Can Build You*, uma fábrica recriou um Lincoln e seu ministro da Guerra, Stanton, tão humanos quanto os verdadeiros. Existem humanos falsos, assim como existem sapos e ovelhas sintéticos em *Androides sonham com ovelhas elétricas?*. Ou ainda Molinari, o ditador que usa réplicas de si mesmo saídas de mundos paralelos, como clones ou corpos de substituição. Como em Burroughs, a "imitação" tem a força de propagação de um vírus; e como um vírus, ela é transmissora de doença, aquela de uma realidade artificial que se propaga até se tornar a única realidade.

•

Aos poucos, a proliferação dessas imagens atinge uma potência tal que elas acabam construindo verdadeiros mundos. Pelo menos é isso que interessa ao autor de FC, o fato de que todos esses artefatos conduzem à criação de mundos totalmente artificiais. Novamente, Dick não é apenas contemporâneo da Pop, ele também é contemporâneo da urbanização delirante de Los Angeles, das reconstituições factícias de Las Vegas, da criação dos parques de atrações tipo Disneylândia. "Somos bombardeados por pseudorrealidades fabricadas por pessoas muito sofisticadas, através de mecanismos eletrônicos muito sofisticados. Não desconfio das suas motivações, desconfio do seu poder. Eles têm muito. E é um poder surpreendente: o de criar universos inteiros, universos do pensamento. Eu deveria saber, já que faço a mesma coisa."[14]

De fato, Dick multiplicou a criação de mundos artificiais. Nas suas primeiras narrativas, são principalmente mundos miniaturizados ou maquetes de cidades que se

14 *Si ce monde*, p. 175. Cf. igualmente *Substance mort*, p. 18, onde Los Angeles é descrita como "um verdadeiro parque de diversões para crianças grandes".

tornam repentinamente reais como o arquivista de *Peça de exposição*, que desaparece definitivamente na maquete de uma cidade do século XX, ou em *Small town*, em que um homem constrói uma maquete da sua cidade como estratagema para pegar sua mulher e o amante;[15] também pode ser um mundo factício com fins terapêuticos, como aquele para o qual um psiquiatra manda um dos seus pacientes, em *The Man Who Japed*. "Ele não estava em um mundo criado com todas as peças pela sua imaginação, mas no campo de hospedagem permanente, controlado pela Estação de Higiene Mental."[16]

Esses mundos também podem ser artefatos nostálgicos. Fredric Jameson destacou a importância dos colecionadores em Dick que acumulam objetos da cultura americana corrente, cartazes de cinema, isqueiros Zippo, relógios do Mickey, velhos revólveres Colt cobiçados não só pela raridade, mas porque permitem reconstituir um mundo que já passou. O ditador nostálgico de *Espere agora pelo ano passado* quer reproduzir, em Marte, a Washington de sua infância. Assim também o personagem central de *O tempo desconjuntado* vive sem saber na reconstituição de um vilarejo factício dos anos 1950 (enquanto a narrativa se situa em 1998).[17] Tudo aquilo que é desejável torna-se imediatamente acessível, como um sonho regressivo de onipotência infantil.

15 Ver também os contos *Stabilité* (N1, p. 129 sq), *La Crypte de cristal* (N1, p. 375 sq.) e *Le problème des bulles* (N1, p. 762 sq).

16 O método – que várias vezes retorna em Dick – não está muito distante do procedimento que Foucault descreve em *O poder psiquiátrico*, quando os alienistas manipulam a realidade para adaptá-la ao delírio do louco. Cf. Foucault, *Le Pouvoir psychiatrique*, op. cit., p. 130 sq.

17 Esse romance é uma das principais fontes de inspiração do filme *O show de Truman*, de Peter Weir (1998).

"Que tudo seja como desejamos é característico de um embuste (...). Teu mundo te satisfaz, e é isso que o trai."[18]

Entretanto é duvidoso, como pensa Jameson, que Dick queira dar ao presente dos anos 1950-1960 sua intensidade, restituindo a ele uma "atualidade póstuma".[19] O que ele busca é, antes, o efeito contrário: destacar o aspecto falso ou factício do presente do qual é contemporâneo. De outro modo, não podemos compreender por que os personagens colecionam os objetos mais comuns daquela época. Se, no futuro, o presente dos anos 1950-1960, que se tornou realidade histórica ou fetichismo de antiquário, pode ser reconstituído de forma idêntica – ou falsificado –, é porque ele já era factício, tão artificial quanto um relógio do Mickey, como se ele fosse sua própria paródia, seu próprio artefato.[20]

O falso, o artificial não é só aquilo que vem alterar ou desnaturar o mundo "verdadeiro" ou "autêntico", *ele conquista uma autonomia que o constitui em uma nova realidade* que rivaliza com todas as outras e as suplanta por sua força invasiva. Ele não se exclui do mundo real, ele o substitui. Invasão significa: somos a nova realidade que substitui a antiga, e é nesse mundo que você vai viver a partir de agora. Você não percebe mais nada a não ser essas aparências especialmente concebidas para você. Esse novo mundo espalha uma propaganda permanente que lhe permite captar, formar, normalizar os desejos e as crenças, enfim, tornar-se desejável.

18 *L'invasion divine*, T, p. 476.

19 Fredric Jameson, *Penser avec la science-fiction*. Paris: Max Milo, 2008, p. 16: "Não se trata de nos dar 'imagens' do futuro (...), mas de desfamiliarizar e reestruturar a experiência que temos do '*presente*'".

20 Cf. *Maître*, a discussão sobre a impossibilidade de distinguir originais e cópias, p. 88 sq.

Tudo ali é falso, aparências, linguagens, funções sociais, rostos, mas que importância tem isso, já que ele se impõe como única realidade? E, principalmente, como no caso das drogas, você tem que pagar para ter o direito de fazer parte dele. As crenças e os desejos serão ainda mais intensos quando você tiver investido nele tudo aquilo que você possui, "pois, na nossa sociedade, é preciso pagar para ser reduzido à escravidão, o que é o maior dos insultos".[21]

A partir do momento em que um mundo se autonomiza, as aparências que ele produz não mais precisam se referir a uma outra realidade ou a outras verdades que não sejam elas próprias; é através disso que elas constituem *um* mundo; elas só se referem a si mesmas, em um jogo de idas e vindas permanente. É um sistema aberto, mas que funciona em circuito fechado, como um mundo contido sob uma cúpula geodésica.[22] A informação se torna necessariamente redundante, já que esse mundo só ressoa imagens de si mesmo, em uma perpétua autopromoção.[23] Entramos no reino da autopromoção generalizada. "A vida em Anaheim, Califórnia, era só uma publicidade da vida em Anaheim, que repassava eternamente. Nada mudava nunca; só aumentava cada vez mais como uma mancha de neon."[24] Como esse novo mundo artificial impõe suas imagens visuais e

21 Dick, *Nouvelles 1953-1963*, op. cit., p. 269.

22 *Au bout du labyrinthe*, p. 115: "Como se a paisagem, nós mesmos, o acampamento... como se tudo isso estivesse fechado em uma cúpula geodésica".

23 Sobre o circuito fechado da informação, podemos nos referir ao que diz Gregory Bateson sobre a redundância como modo de duplicação e de propagação da informação. Cf. *Vers une écologie de l'esprit*, v. II. Paris: Seuil, 1980, pp. 162-163.

24 *Substance mort*, p. 47.

sonoras aos psiquismos, não existe mais, portanto, mundo "interior" distinto que possa escapar dessa invasão. Os psiquismos encadeiam os clichês, as imagens padronizadas e tornam-se, por sua vez, humanos artificiais. Os mundos artificializam e também *se* artificializam, "falseiam" a existência daqueles que os povoam.

Em Dick, não contamos mais os enganos, as falsas aparências, desde a "primeira-dama", morta há muito tempo e cuja imagem é idealizada e perpetuada por atrizes, até o androide usado como chefe político consensual; dos arquivos históricos falsificados às falsas atualidades. Assim, em *A penúltima verdade,* os dirigentes mundiais fazem com que o conjunto da população terrestre, amontoada em abrigos subterrâneos, acredite que o planeta está sendo destruído por uma guerra interminável e que a taxa de radioatividade na atmosfera a torna inabitável. Dos abrigos, as populações acompanham a evolução da guerra em telas gigantes. "Era a janela deles, sua única janela aberta para o mundo lá de cima, e toda imagem que eles viam surgir era para eles muito importante" (R3, p. 434).[25] Na realidade, porém, a guerra acabou há muito tempo e a classe dirigente mantém a ilusão apenas para aproveitar sozinha as riquezas terrestres e as zonas habitáveis; eles roubaram "um planeta inteiro de seus legítimos proprietários" (R3, p. 476). Já era o estratagema usado pelo poder em *1984:* fazer com que acreditassem em uma guerra em curso para se tornarem legítimos e escravizar as populações. Em Dick, tudo é falso, não apenas as imagens, mas também os discursos redigidos por computadores que expõem as verdades oficiais, o presidente androide que as recita na televisão, os filmes falsos que são

25 Ver também o conto *The Defenders*.

difundidos para que acreditem que a guerra continua; políticos, engenheiros, técnicos, intelectuais, todos participam da construção desse mundo artificial. "O problema é real, não é apenas uma diversão intelectual. Pois vivemos hoje numa sociedade na qual as realidades enganosas são fabricadas pelas mídias, os governos, as multinacionais, os grupos religiosos, os partidos políticos...".[26]

No presente caso, o objetivo perseguido pela criação desse "falso" mundo é evidente; trata-se de um engodo destinado a captar as crenças e os desejos das populações para desviá-las do mundo real. Podemos sempre dizer, na verdade, que cada um tem "seu" mundo, mas justamente Dick não parou de lutar contra essa forma de subjetivismo simplista porque a "realidade" do mundo não é um problema teórico, é o objeto de lutas políticas concretas. Como enganar os psiquismos, *roubar o mundo deles* e sua relação com o mundo? Que imagens, discursos, manipulações mentais darão conta disso? E se for preciso usar drogas, quais seriam?

Todos os meios são bons, contanto que as populações sejam arrancadas da Terra e reterritorializadas em qualquer outra coisa, histórias religiosas, mundos artificiais, programas de televisão, imagens publicitárias. Basta apenas que a diversão seja suficientemente forte para desviá-las do mundo real. Roubar os mundos, roubar a Terra, não é essa a operação base de toda colonização? Os meios tecnológicos usados nos romances de Dick para roubar os mundos, dissimular sua "realidade" ou desapossar os autóctones são como a incessante réplica do cataclismo primordial sobre o qual foi construído o universo falso dos Estados Unidos, um continente inteiro roubado de seus ocupantes, com o

26 *Si ce monde*, p. 174.

Mayflower[27] no papel da nave de invasores extraterrestres. É isto que faz a maioria dos invasores extraterrestres em Dick: se apropriam de um planeta e dissimulam o roubo com a ajuda de mundos-tela. Mas é isso que também fazem os humanos com seu próprio planeta. Em vez de viver nele, eles o colonizaram – razão pela qual, na maioria dos contos, a Terra tornou-se inabitável, o que os obriga a migrar para outros planetas a serem colonizados.

O colono não é apenas aquele que se apropria da terra e seus ocupantes: é também aquele que impõe uma nova realidade, assim como os missionários lhes impõem seu deus às populações infiéis ou heréticas – com a diferença de que, em Dick, são usados meios tecnológicos ou farmacológicos. Essa substituição consiste ou em destruir a antiga ordem em benefício de uma nova realidade "superior", levando em conta os "progressos" obtidos em todos os domínios, ou em manter as aparências da antiga realidade para destruí-la por trás, por exemplo, mantendo uma aparência de democracia, enquanto não se cessa de destruí-la. No primeiro caso, trata-se de colonizar os autóctones; no outro, os próprios colonos. Esses dois modos de colonização correspondem aos dois tempos da colonização da América do Norte, primeiro, em relação aos "índios" aos quais foi imposto um novo mundo, depois, em relação aos americanos, aos quais foi imposto o mundo falso do *American way of life*.

Isso é particularmente sensível em *O tempo em Marte*, em que os autóctones, os Bleeks, vivem numa outra temporalidade diferente dos colonos humanos. Eles pertencem ao tempo de antes dos colonos, antes dos homens modernos.

27 Navio que trouxe os primeiros colonos ingleses para os Estados Unidos (1620). (N.T.)

São como os índios que não param de assombrar os Estados Unidos e fazem dele um país originalmente "falso" desde a origem, construído sobre uma mentira primordial, a do acúmulo primitivo, sempre rejeitado, e povoado de indivíduos sempre mais desterritorializados: a imitação do *American way of life*. O que faz a força dos autóctones marcianos é que eles não vivem de acordo com o tempo destruidor, irreversível do capitalismo. Sua temporalidade é ora rápida demais, vibrante caleidoscópio de imagens que se telescopam, ora lenta demais, preguiçosa, irrecuperável. O único a entrar na sua temporalidade especial será o pequeno Manfred, o menino esquizofrênico.

As aparências enganosas têm como função trancar os indivíduos em um mundo protegido que só se alimenta das suas próprias imagens. A criação de um mundo artificial produz uma forte ruptura, uma repartição que acaba numa terrível alternativa: ou os parques de diversão do capitalismo, o roubo de um "planeta inteiro de seus legítimos proprietários"; ou então os campos dos excluídos, na periferia, invisíveis ou subterrâneos. A existência de campos - ou de "reservas" - é o sinal de que o mundo não pertence a todos. Os excluídos não têm mais mundo, no entanto, são reais. São a realidade que os mundos artificiais não querem ver. Por isso são afastados para os campos, ou zonas de não direito, como em *Lies*, em que uma megacorporação de tipo fascista atrai colonos, graças a um sistema de teletransporte, em uma única direção, para um planeta distante que se revela um imenso campo de trabalho forçado.[28]

28 Em *Lies*, o modelo do campo, para Dick, é o campo de trabalho soviético, mas suas descrições também valem por outras formas contemporâneas. Sobre as políticas contemporâneas dos campos, cf. Michel Agier (dir.),

Você está em um mundo? Se sim, em qual deles? Se você não está em nenhum mundo habitável, então você está em um campo, no exterior de todo o mundo, onde a vida tornou-se impossível. *Fluam, minhas lágrimas, disse o policial* é exemplar desse ponto de vista. Seu personagem principal é um puro produto desses mundos artificiais: personalidade pública muito famosa, apresentador de televisão e cantor de sucesso, ele vive em um mundo no qual os adversários políticos são enviados para campos de trabalho; onde os negros são vítimas de uma política eugenista; onde estudantes e professores vivem, clandestinamente, nos subterrâneos de campus universitários. O personagem é perfeitamente indiferente a todas as violências exercidas por esse estado policial até o dia em que acorda em um mundo onde ele nunca existiu. É o mesmo mundo de antes, só que ele nunca fez parte dele. Não é mais alguém - sem estado civil, sem identidade. Seus amigos, sua companheira, ninguém o reconhece mais. "Sou aquilo que chamam de uma não pessoa". *Privado de todos os direitos*, ele experimenta, então, uma realidade que as aparências do "seu" mundo haviam até então dissimulado. Ele descobre a exclusão. "Estamos em um estado de traição. Minha fama me dispensava disso. Agora, sou como todo mundo, preciso enfrentar aquilo que eles sempre enfrentaram. E... aquilo que enfrentei no meu começo, enfrentei e depois apaguei da minha memória. Porque era muito difícil acreditar... uma vez que eu tinha escolha e que podia escolher não acreditar."[29]

Un monde de camps. Paris: La Découverte, 2014.

29 *Larmes*, p. 89.

CAPÍTULO 8

O homem digital (ou o que é um androide?)

EM UM UNIVERSO ONDE O FALSO SE INSINUA POR TODA parte, onde nada escapa a essa contaminação, é claro que encontramos falsos humanos. "Realidades falsificadas só podem criar seres humanos falsificados."[1] É uma figura recorrente da FC, do autômato e do robô até o androide e o clone. Vários filmes de FC dos anos 1950-1960 apresentaram essas situações estereotipadas: um vilarejo tranquilo, com seu comércio, sua delegacia de polícia, seu posto de gasolina, cujos habitantes são vividos por atores estranhamente inexpressivos. Não são maus atores, mas só têm valor como amostra ou clichê. Não sabemos nada das suas vidas pessoais nem das suas emoções, e a cidadezinha onde eles vivem está perfeitamente isolada, separada de tudo. Não há mundo exterior no meio da ação, não há vida interior independente da ação. Porém, como esses personagens justamente não têm vida e são perfeitamente substituíveis entre si, eles não têm nenhuma realidade; podem, portanto, ser vampirizados, manipulados, clonados. Temos até mesmo a impressão de que nada mais pode acontecer a eles, e é por isso que estão ali. Talvez seja isso que tenha feito o sucesso de *Vampiros de almas*, de Don Siegel (1956), cujos personagens se tornam tanto inexpressivos quanto inumanos sem que, no entanto, aparentemente nada tenha mudado. O modelo é o indivíduo vazio, inumano, autômato sob controle. O perigo é que o vizinho, o amigo, o parente tornam-se falsos humanos: a grande paranoia americana, ilustrada pela doutrina do "inimigo

1 *Si ce monde*, p. 178.

interior" do macarthismo, se conjuga com o medo de uma anonimização por proletarização, a perda da distinção individual burguesa em benefício do único interesse coletivo, o comunismo como alienação derradeira.

Em Dick, os falsos humanos aparecem, primeiro, sob uma forma clássica: humanos controlados por extraterrestres ou então extraterrestres substituem os humanos por mimetismo, como no conto *A coisa-pai*, no qual o filho duvida estar na presença de seu verdadeiro pai e descobre, no jardim, larvas extraterrestres destinadas a substituir toda a família.[2] Em várias ocasiões, Dick usará o tema dos invasores extraterrestres cujo mimetismo lhes permite tomar forma humana.[3] Não estamos longe do delírio paranoico – chamado síndrome de Capgras – que consiste em acreditar que sósias substituíram os parentes.

Mas Dick logo se dá conta de que é inútil trazer o perigo das profundezas do espaço. Os homens se desumanizam sozinhos, transformam-se de boa vontade em androides. O tema é clássico e compartilhado: o que ameaça o homem na sua humanidade é que ele se transforma em máquina no

2 Esse conto [*The father-thing*], escrito em 1953 e publicado em 1954, se parece muito com as primeiras cenas do filme de Don Siegel *Vampiros de almas* (1956), adaptado do romance de Jack Finney *Invasores de corpos*, publicado em 1955. Talvez tanto Dick quanto Finney tenham se inspirado no romance de Robert A. Heinlein *Os manipuladores (O terror da sexta lua)*, cujo original, *The Puppet Masters*, foi publicado em 1951. Conta a história de extraterrestres que tomam o controle dos cérebros humanos para fazer deles suas "marionetes". Cf. também *L'inconnu du réverbère*, N1, p. 1001, sq.

3 Ver a paródia desse tema no conto *The War with the Fnools*, no qual extraterrestres, os Fnouls, que tentaram invadir a terra sob a aparência de frentistas, e depois de dançarinos folclóricos, voltam, dessa vez sob a forma de agentes imobiliários.

mesmo instante em que, por sua vez, as máquinas se tornam "inteligentes" e se "humanizam".[4] Já sabemos que as novas máquinas cibernéticas dos anos 1950 adquiriram uma forma de autonomia que as torna capazes de modificar seu comportamento em função das informações recebidas. Elas registram e transmitem informações, se comunicam, enfim, "se humanizam". É o caso da famosa porta de *Ubik* que se recusa a abrir enquanto o inquilino não pagar o aluguel e do drone de *Lies* que segue um indivíduo na rua e o intima, com um alto-falante, a pagar suas dívidas; é o caso de todos os objetos inteligentes em Dick: portas, carros, cafeteiras, camas ("Você pesa 70 quilos, lhe diz a cama. E esse é o peso que está em cima de mim. Então, você não está copulando").[5]

Se as máquinas inteligentes são invasoras em Dick, não é porque elas tomam o poder, mas porque não param de propor "serviços", mesmo e principalmente que não sirvam para nada.[6] Dick viu perfeitamente que entramos em uma sociedade de serviços e que isso implica um "domínio crescente das máquinas, principalmente aquelas das quais nos cercamos deliberadamente e que, de acordo com a lógica, deveriam ser as mais inofensivas. Nunca parti do princípio de que, um dia, um gigantesco monstro metálico desceria a Quinta Avenida fazendo um enorme barulho de ferros, com a intenção de devorar toda Nova York; por outro lado, sempre tive medo de

4 Robinson, op. cit., p. 29: "É cada vez mais difícil definir a humanidade até o momento em que, em *Androides sonham com ovelhas elétricas?*, um teste psicológico complexo se torna necessário para determinar quem é homem e quem é máquina". Cf. também *Si ce monde*, p. 77.

5 *Le guérisseur des cathédrales*, R4, p. 642. Ver particularmente o conto *La sortie mène à l'intérieur*, N2, p. 1064 sq.

6 Raros são os contos em que as máquinas tomam o poder. Cf., no entanto, os contos *James P. Crow* (N1, p. 897 sq) e *Autofab* (N2, p. 284).

que minha televisão, meu ferro de passar, minha torradeira me anunciassem, no segredo do meu lar, sem que ninguém pudesse me tirar de lá, que eles estavam tomando o poder e tinham à minha disposição o regulamento que eu deveria cumprir a partir de então".[7] É o contrato das sociedades de serviço que assinamos de olhos fechados: nós lhe prestamos serviços, mas você aceitará nossas condições e seguirá todas as nossas instruções. O serviço torna-se uma nova forma de sujeição. A empresa de substituição se generalizou; a torradeira era só um modesto começo. Em Dick, todas as atividades de serviço são, de agora em diante, asseguradas por máquinas: caixas, comerciantes, motoristas de táxi, médicos, cirurgiões, policiais, mas também professores, o presidente dos Estados Unidos, psicanalistas (como a valise com psiquiatra integrado, em *Os três estigmas de Palmer Eldritch*), animais domésticos. Nas colônias marcianas, os migrantes podem até "comprar vizinhos, adquirir a presença simulada da vida (...). De um ponto de vista terapêutico, isso era totalmente eficaz, embora um pouco estéril em uma perspectiva cultural" (R3, pp. 262-263).[8]

Essa nova sujeição constituída pelos serviços é ilustrada no conto *Argumento de venda*, quando o robô multifunção declara: "Você vai se sentir melhor quando tiver me delegado todas as suas responsabilidades" (N1, p. 1195). É

7 Dick, *Nouvelles*, op. cit., p. 268. Sobre a importância dos serviços em um capitalismo de superprodução, cf. Deleuze, op. cit.: "[O capitalismo] não compra mais matéria-prima e já não vende produtos acabados: compra produtos acabados, ou monta peças destacadas. O que ele quer vender são serviços, e o que quer comprar são ações".

8 Cf. o psi-robô em *Ah, être um Gélate...*, N2, p. 692: "Ele introduziu na fenda uma moeda de 20 dólares, de platina. Depois de alguns instantes, o analista acendeu. Seus olhos começaram a brilhar de amabilidade".

verdade que as máquinas aliviam o indivíduo do peso de certas tarefas e das responsabilidades que elas acarretam, mas, em contrapartida, impõem a ele novas regras de comportamento e de pensamento. É a outra frase, complemento da primeira, que o robô se abstém de pronunciar, mas que testemunha a irreversibilidade do "progresso" técnico: "Uma vez que você me escolher, você não terá mais escolha". O indivíduo se despoja voluntariamente da sua humanidade em benefício de máquinas que desempenham melhor do que ele suas tarefas e de maneira, digamos, mais humana. É a pretensão alojada no coração das novas máquinas: nós fazemos tudo melhor que os humanos (memória, cálculo, precisão, decisão etc.). Nós somos a nova imagem do homem, a imagem do homem do futuro. Nós somos o humano puramente racional, infalível, incansável, diretamente ligado: seus melhores aliados contra a desordem da entropia, como diz Wiener. Ao seu dispor.

O mais preocupante para Dick é que os indivíduos se deixem seduzir por essas múltiplas ofertas de serviços aperfeiçoados e que essas automatizações tomem o poder e tenham "à sua disposição o regulamento" que devemos cumprir a partir de então. O poder não desapareceu, ele passa por completo em uma programação anônima e impessoal, depositária de normas técnicas, sociais, morais, terapêuticas, melhoradas. "Nesse mundo de dominação que atua pela conversão das suas ordens em programas e de seus agentes em autômatos, o poder, que estava distante, se torna inalcançável."[9] Ele tende a se confundir com um puro

9 Grégoire Chamayou, *Théorie du drone*. Paris: La fabrique, 2013, p. 287 [Ed. bras. *Teoria do drone*, trad. de Célia Euvaldo. São Paulo: Cosac & Naify, 2015] e todo o capítulo V, 4 "La fabrique des automates politiques".

funcionamento automatizado, órgão de decisão anônimo autorregulado do qual toda responsabilidade desapareceu, tanto do lado dos usuários quanto dos conceptores e dos decisores.[10] "*Você vai se sentir melhor quando tiver me delegado todas as suas responsabilidades.*"

Dick explorou muito essa humanização das máquinas e a androidização dos humanos, a ponto de, às vezes, ser difícil distinguir humanos e máquinas. No conto *Assassinos cibernéticos,* em um planeta devastado por uma guerra entre os Estados Unidos e a Rússia, as máquinas - que se tornaram autônomas, capazes de autorreprodução e de invenção - criam novas armas para destruir os últimos soldados humanos.[11] Elas concebem um primeiro modelo, "o soldado ferido", depois um segundo, a criança abandonada ("Davi e seu urso"), destinados a enganar os soldados despertando sua simpatia. "Basta que um desses Davis entre e tudo acabou (...). O primeiro deixa entrar todos os outros. E eles são inflexíveis. Máquinas com uma só ideia na cabeça, um único objetivo programado" (N1, p. 584). Assim que é possível produzir "falsos" humanos, chegamos a uma situação na qual homens e máquinas, embora distintos, tornam-se exteriormente indiscerníveis. É

A observação de Chamayou parte de um texto de Adorno, de *Minima Moralia* [Ed. bras. *Minima Moralia*, trad. de Luiz Eduardo Bicca. São Paulo: Ática, 1991], dedicado às "bombas-robôs" (os mísseis V-1 e V-2 fabricados pelos nazistas), e diz respeito principalmente à robotização e, por assim dizer, à "humanização" das ações letais.

10 Cf. Chamayou, op. cit., p. 293: "É um dispositivo típico de *fábrica da irresponsabilidade*".

11 Cf. *Assassinos cibernéticos* (adaptado para o cinema por Christian Duguay em 1995, com o título de *Screamers*). Ver também o conto *Nanny*, que descreve a disputa entre modelos cada vez mais aperfeiçoados de robôs-babás.

o que acontece no conto: os humanos matam seus semelhantes acreditando que estão destruindo máquinas e poupam os robôs achando que estão salvando os humanos.

No romance *We Can Build You*, Dick acentua ainda mais essa indistinção, ou melhor, a leva até a inversão: a máquina se torna tão humana quanto os homens, enquanto os humanos se tornam tão inumanos quanto as máquinas. De um lado, uma empresa que decide fabricar protótipos de androides, principalmente um Abraão Lincoln, réplica perfeita de seu personagem histórico. Ele é tão perfeito que emana uma bondade, uma vulnerabilidade, "uma humanidade natural".[12] Do outro lado, humanos frios e insensíveis, como a jovem esquizofrênica, a eterna "jovem de cabelos negros", que encontramos na maioria das narrativas de Dick,[13] ou ainda o homem de negócios milionário que quer produzir androides em grande escala para implantá-los em colônias lunares. "Ele dava a impressão (...) de um homem cujo cérebro havia sido substituído por um servossistema ou circuitos retroativos de solenoides e relés. Claro que o conjunto seria telecomandado, ou então manipulado por 'alguma coisa', lá no crânio, que confundiria os comandos com pequenos gestos complicados e interrompidos" (R2, p. 342). O procedimento é conhecido: não se trata mais de enganar os humanos, mas revelar a inumanidade de alguns deles.[14]

12 R2, p. 477: "Podíamos ler tristeza e empatia no seu rosto. Ele sentia totalmente os horrores da guerra e chorava por cada soldado morto".

13 Cf. *The Dark Haired Girl* e seu retrato em *Le bal des schizos*, R2, p. 493: "Ela não está conosco, mas em um outro mundo, em algum lugar por aí. O que acontece com as pessoas, o que acontece entre elas, nada a toca".

14 Ver os contos *Humano é* e *Progeny*, em que as crianças são criadas por robôs e tornam-se totalmente inumanas ("Com robôs como único convívio, não há complexo de Édipo a temer").

Passamos para o outro lado, não mais a "humanização" das máquinas, mas a androidização do homem, favorecida pela imagem do homem novo que representa, em baixo-relevo, o funcionamento das máquinas cibernéticas.

Como se pode, então, reconhecer um homem? Dick se faz inúmeras vezes essa pergunta e a resposta não varia: o que caracteriza a humanidade do homem é a empatia (*ágape* ou *caritas*, Dick não as diferencia). O homem não é um animal racional ou pensante; antes de tudo, ele é um animal que simpatiza, que ama. Isso não quer dizer que é preciso opor a empatia à inteligência, pelo contrário. "Talvez a *caritas* seja função da inteligência? Talvez estivéssemos sempre enganados e ela não seja um sentimento, mas uma forma elevada da atividade cerebral, a capacidade de distinguir sinais imperceptíveis do ambiente... e de ter compaixão? É cognição, nada mais" (R4, p. 722). O homem se define pelo seu sentimento de humanidade. Podemos estimar, como Fredric Jameson, que "se trata de um tema totalmente oco" e ver ali apenas uma "noção psicológica ou psicanalítica de boteco".[15] É verdade que a empatia é uma noção pouco nítida em Dick, às vezes ridicularizada sob a forma de "caixas de empatia", que permitem compartilhar a Paixão de um Cristo televisionada, ora definida sumariamente como "a estima mútua entre as pessoas de bem",[16] ora considerada como a coisa mais importante do mundo, a única capaz de nos salvar.

Se Dick insiste tanto nessa noção, não é apenas porque ela remete à bondade do homem ou a princípios humanistas, mas porque ela é aquilo que, em nós, resiste à

15 Jameson, op. cit., pp. 63, 65.

16 *La petite boîte noire*, N2, p. 710.

programação generalizada à qual, por outro lado, nos submetemos. Tudo se passa como se os hemisférios cerebrais lutassem um contra o outro. O problema do hemisfério esquerdo, "digital", é sua aptidão para manipular algoritmos e códigos e se deixar controlar por eles, até mesmo aceitar verdadeiras implementações. Para Dick, o hemisfério esquerdo está a serviço da *programação do psiquismo*. O cérebro torna-se literalmente servomecanismo; adapta sua plasticidade às alternativas preestabelecidas dos algoritmos linguísticos e digitais. "A ferramenta de base que permite a manipulação da realidade é a manipulação de palavras. Se você conseguir controlar o sentido das palavras, poderá controlar as pessoas que devem usá-las."[17]

Neste ponto, Dick se aproxima bastante de Burroughs, para quem as palavras da linguagem são ferramentas que permitem tomar o controle dos cérebros e de sua aptidão para construir realidades. Para Burroughs, de fato, o cérebro humano está infectado por um vírus que se propaga pelo vetor da linguagem. "A palavra engendra a imagem, e a imagem é vírus."[18] O homem está infectado pela sua própria "imagem pervertida", como se ele gostasse mais da imagem idealizada da sua inumanidade que dele mesmo. "Cada espécie tem seu Vírus Mestre: a imagem pervertida da própria espécie. A imagem pervertida do homem evolui, de minuto a minuto, de célula em célula... a miséria, o ódio, a guerra, polícia e bandidos, a burocracia, a loucura, todos os sintomas do Vírus Humano."[19]

17 *Si ce monde*, pp. 181-182.

18 William S. Burroughs, *Nova express*. Paris: 10/18, p. 52.

19 William S. Burroughs, *Le Festin nu*. Paris: Gallimard, "L'imaginaire", 1984, p. 183. [Ed. bras. *Almoço nu*, trad. de Daniel Pellizzari. São Paulo: Companhia das Letras, 2016.]

Essa proximidade entre Dick e Burroughs vem, em parte, da leitura de ambos de Alfred Korzybski. Este último descreve justamente a maneira pela qual a prática da linguagem bloqueia a criatividade que nasce das relações observadas no nível das experiências não verbais.[20,21] A estrutura da linguagem impõe ao implícito das relações "analógicas" do hemisfério direito as regras da velha lógica bivalente aristotélica. Se é preciso desconfiar da linguagem, é porque sua lógica exerce um controle sobre os pensamentos e porque as imagens que ela faz circular fecham o pensamento em um mundo abstrato. Desse ponto de vista, as máquinas "inteligentes" participam da propagação do vírus. É em um mesmo movimento que a imagem social de um homem racional, eficiente, sem emoções, se propaga e que as máquinas inteligentes promovem essa imagem.

Fredric Jameson emite a hipótese de que a FC se desenvolveu no momento em que as grandes utopias políticas começaram a desaparecer do horizonte social.[22] Como não ver, porém, no exato momento em que Dick começa a redigir seus primeiros romances, a aparição de novas utopias sociopolíticas que acompanham os desenvolvimentos da cibernética, a

20 Alfred Korzybski, *Une carte n'est pas le territoire.* Paris: L'éclat, "Poche", 2015, pp. 29-30: "Se 'pensamos' verbalmente, agimos como observadores de opinião preconcebida e projetamos sobre os níveis silenciosos a estrutura da linguagem que usamos; agindo dessa maneira, permanecemos atolados na nossa rotina de antigas orientações, que tornam praticamente impossíveis tanto as observações ('percepções?') rigorosas e sem opinião prévia quanto todo trabalho criativo".

21 Korzybski é conhecido pela frase: "O mapa não é o território". Suas teses tornaram-se populares graças ao romance de A. E. van Vogt, *Le monde dos non-A*, (o não-A designando a lógica não aristotélica). (N.T.)

22 Ver Jameson, op. cit., p. 19 sq.

crença renovada no "progresso", levando em conta as capacidades das novas máquinas "inteligentes"? Elas vão substituir homens defeituosos cujos comportamentos se revelaram particularmente irracionais por ocasião das crises econômicas dos anos 1930 e durante a Segunda Guerra Mundial.

A melhor maneira de conjurar essa irracionalidade seria conceber sistemas automatizados racionais que, na sua própria concepção, a tornariam definitivamente impossível – como se a Segunda Guerra Mundial não tivesse demonstrado uma terrível racionalidade. É preciso criar máquinas superiores às capacidades humanas nos domínios cruciais da decisão e da execução das tarefas. As máquinas permitirão um melhor ajuste dos homens às suas tarefas, um melhor controle das suas atividades para que eles se adaptem ao novo meio que eles mesmos criaram. "Modificamos tão radicalmente nosso meio que também temos que nos modificar para viver à altura desse novo ambiente."[23] Daí a necessidade de se apropriar dos psiquismos, de hipertrofiar o hemisfério esquerdo e favorecer novos complexos homem-máquina. Para se adaptar ao seu novo meio, o homem não deve mais ser um vivente, mas um androide.[24] Compreendemos que Simondon diga que o "homem que quer dominar seus semelhantes suscita a máquina androide".[25]

23 Wiener, op. cit., pp. 77-78.

24 *Si ce monde*, p. 36: "Tornar-se aquilo que, por falta de um termo mais conveniente, chamei de androide, quer dizer, como indiquei, se deixar transformar em instrumento, se deixar esmagar, manipular, tornar-se um instrumento a contragosto ou sem consentimento – é tudo a mesma coisa (...). A androidização exige obediência. E, acima de tudo, previsibilidade".

25 Gilbert Simondon, *Du mode d'existence des objets techniques*. Paris: Aubier, 1989, p. 10. [Ed. bras. *Do modo de existência dos objetivos técnicos*, trad. de Vera Ribeiro. Rio de Janeiro: Contraponto, 2010.]

Com esperanças suscitadas pelos encontros das "conferências Macy", das quais participaram matemáticos, engenheiros, psicólogos, antropólogos, lógicos, psiquiatras com o objetivo de constituir uma ciência geral do funcionamento da atividade mental, mas também de conceber "máquinas que pensam", passando pelos escritos de Wiener, até as recentes visões futurólogas de um Jeremy Rifkin (e muitos outros), a utopia logo se transformou em uma variedade de programas de pesquisas efetivas.[26] Talvez o termo "utopia" seja impróprio, no fim das contas, se for para designar um fora-do-lugar. Neste caso, pelo contrário, os lugares são múltiplos: são os Estados, os poderes militares, os serviços secretos, os complexos "militares-industriais", os engenheiros, os institutos tecnológicos, as universidades (até mesmo os departamentos de ciências humanas) que investem no desenvolvimento desses programas de pesquisa e de experimentação. Não podemos dizer que faltam lugares, logo a invasão será total. Não mais utopia, mas *pantopia*.

A nova linguística da gramática generativa e a nova psicologia cognitiva vão constituir a nova sintaxe desses programas e a nova "ciência do intelecto". Já entramos há muito tempo na era das novas máquinas. Não apenas o

26 Cf. Steve J. Heims, *The Cybernetic Group*. Cambridge, Massachusetts: MIT Press, 1991. As conferências Macy reuniram, de 1942 a 1953, pesquisadores de diversos domínios para tentar estabelecer uma ciência geral do funcionamento do intelecto. Participaram, principalmente: Margaret Mead, Gregory Bateson, Norbert Wiener, John Von Neumann, Roman Jakobson, Claude Shannon entre outros. Nota-se, em particular, a presença e o interesse do médico Harold Alexander Abramson, que trabalhava para a CIA em um projeto secreto relativo às técnicas de manipulação mental (o projeto MK-Ultra) e, sobretudo, sobre os efeitos do LSD no psiquismo.

indivíduo não sai desse mundo, como também traz para ele tudo aquilo que pode, por tradução linguística, codificação informática, conversão digital. "Penso como falo (...); não sou uma pessoa, mas uma voz que se repreende. Pior, falo como ouço falar. Dados errados na entrada, dados errados na saída (como dizem os informáticos)."[27] O androide é aquele que subordina todas as suas percepções às arborescências do seu programa. Seu cérebro tornou-se cabeça de leitura: "Programado... Algum lugar em mim tem uma tela-matriz que me torna impermeável a certos pensamentos, certas ações. E me força a escolher outras" (N2, p. 961).

Sua "inteligência" é desprovida de intuição ou - o que dá no mesmo - suas intuições e suas emoções passaram inteiramente ao serviço da inteligência, uma inteligência ela mesma submetida a uma vontade imperiosa que a ultrapassa.[28] "O indivíduo verdadeiramente inumano é o cerebral supertreinado."[29] Se os computadores podem tomar o controle dos cérebros, é em razão da sua afinidade com o hemisfério esquerdo, "digital". Há uma espécie de vampirismo da vigilância por computador que absorve a vida daqueles cujos dados eles captam. "Nick deu uma última olhada na imensa sala em forma de gruta com dez mil telas (...). Ele viu todas aquelas pessoas como ectoplasmas, desprovidas de corpo

27 *La Transmigration de Timothy Archer*, T, p. 576.

28 Sob vários aspectos, a distinção entre relações analógicas e relações digitais confirma exatamente a distinção estabelecida por Bergson, em *Evolução criadora*, entre intuição e inteligência. Por si mesma, a inteligência pensa por recomposição de sistemas fechados compostos de unidades discretas sobre o modelo da fabricação, enquanto a intuição procede por simpatia, de acordo com totalidades abertas, contínuas, "musicais" sobre o modelo da criação.

29 In *Regards*, p. 123.

real. Todas essas criaturas policialescas, ocupadas com suas pequenas tarefas, tinham renunciado a viver há muito tempo; elas se contentavam em absorver a energia vital das telas colocadas sob seu controle – ou, mais exatamente, dos seres que se mexiam sobre elas."[30]

Inversamente, a empatia (que Dick assimila às vezes à simpatia tanto quanto à confiança) é o que permite *circular entre os mundos*. Apesar da profunda diferença entre os mundos, uma comunicação se estabelece através da participação em um fundo comum, subjacente, composto de movimentos paralinguísticos, motores, não verbais, afetivos, emocionais, pulsionais etc. A comunicação não é mais feita por tradução digital, mas por participação analógica. Ela é mais musical, rítmica ou silenciosa do que ligada à linguagem. Ela não está fechada em um mundo, pelo contrário, abre-se para outros mundos e para outras formas de vida. Existe nela alguma coisa de ecológico e de cosmológico, testemunho de um profundo vitalismo.[31] Para deslocar a dualidade analógica/digital, podemos dizer que o analógico circula entre os mundos

30 *Message de Frolix 8*, R4, p. 986.

31 *Si ce monde*, pp. 99-100: "De acordo com nossos pontos de vista mais modernos, somos campos superpostos – tanto quanto somos, inclusive, animais e plantas. Isso é o que constitui a ecosfera da qual fazemos parte. Mas não nos damos conta de que os milhares de hemisférios esquerdos, completamente egocêntricos, têm bem menos tendência a se pronunciar sobre a evolução do mundo do que o faz a noosfera coletiva: esse espírito que liga todos os nossos cérebros direitos e do qual todos participamos. É ele que irá decidir, e acredito, já que essa noosfera plásmica recobre nosso planeta inteiro com um véu ou uma camada, que não é impossível que ela possa interagir com os campos exteriores de energia solar e daí com os campos cósmicos".

enquanto o digital se fecha em um mundo por causa da força de tradutibilidade dos seus códigos.

Ao seu modo, Dick encontra a distinção que Burroughs estabelece entre cooperativa e burocracia em *Almoço nu*. A primeira é fundada na cooperação dos indivíduos e seu poder de compartilhar realidades comuns, enquanto a segunda repousa em uma subtração parasita da qual se alimenta. Nunca cria nada por ela mesma, mas se transplanta sobre as atividades existentes para retirar sua parte, como um verme solitário. "Os escritórios, que são de natureza parasitária, não podem subsistir sem seu hospedeiro, sem o organismo que os alimenta." Enquanto as cooperativas funcionam pela "instauração de unidades independentes que respondem às necessidades daqueles que contribuem para o bom funcionamento de cada uma delas", a burocracia está sempre inventando novas necessidades para justificar sua existência.[32] Ela cria carências justificadas pelo circuito fechado das suas redundâncias. Para dizê-lo em termos de Dick, a burocracia só vive transplantada em mundos existentes que ela engloba na sua tradução "digital" unívoca, enquanto as cooperativas encontram um acordo comum que deixa subsistir a pluralidade dos mundos. É como se o hemisfério esquerdo fosse burocrático enquanto o hemisfério direito fosse cooperativo.

A pergunta, então, é a seguinte: como favorecer as aptidões do hemisfério direito? Se Dick privilegia a música, é justamente porque ela constitui uma antilinguagem ou uma linguagem subliminar que ativa outras zonas do cérebro diferentes da comunicação pela linguagem. A música é inseparável de uma utopia do subliminar, formulada

32 Burroughs, *Le Festin nu*, op. cit., pp. 148-149.

principalmente em *Radio Free Albemuth*, mas que encontramos com frequência em Dick sempre que a comunicação toma caminhos mais subterrâneos do que aqueles dos algoritmos digitais.[33] São formas de relações "analógicas" que circulam de psiquismo em psiquismo, das quais uma das modalidades em FC pode ser a telepatia, mesmo que Dick seja reservado quanto a isso.[34] Se a telepatia se intromete nos psiquismos para conhecer seus pensamentos, despossuí-los da sua vida privada (o horror da conjugalidade, segundo Dick), ela é também uma maneira de entrar em contato com os níveis mais profundos de um outro psiquismo, em um plano molecular, subliminar, de acordo com um modelo que deve muito à comunicação dos inconscientes em Jung. É nesse nível que age a força de amar, quando ela se eleva ao absoluto e se torna a derradeira realidade, além das relativizações da inteligência.[35] Há uma força política da empatia que opera por sub-repção, comunicação clandestina, mensagens subliminares etc.

33 RLA, p. 260: "Eu precisava tomar consciência – de uma maneira que não pudesse mais esquecer – daquilo que poderia ser feito ao introduzir mensagens subliminares nas músicas populares".

34 Cf. *La petite boîte noire*, N2, p. 729: "O poder telepático e a empatia são dois aspectos do mesmo fenômeno". Inversamente, Dick pode fazer com que um dos personagens de *Machines à illusions*, R4, p. 529, diga: "Você é telepata. Você sonda o pensamento das pessoas, mas você não as compreende". Cf. também R2, p. 1053.

35 "Nesse romance [*Fluam, minhas lágrimas, disse o policial*], eu digo: "Para a pergunta: o que é real? A resposta é: essa forma de amor transbordante", em Sutin, p. 370. Cf. *Larmes*, p. 165: "Você nunca amou uma criança? Isso aperta o coração, lá no fundo, onde você poderia facilmente morrer".

Talvez seja o que faz a importância da religião para Dick, como mostram numerosos textos de *The Exegesis* (dos quais muitos foram retomados como apêndice de *VALIS*). A religião torna-se o mundo da *caritas*, portadora de uma "informação viva" dirigida às profundezas do psiquismo. Na escala da história mundial, Dioniso, Brama, o Cristo e seus apóstolos, Esculápio ou Zoroastro aparecem como emissários subliminares destinados a derrubar "o Império" cujo reinado se perpetuou de Roma até hoje. Em *The Exegesis*, Dick compara com frequência os Estados Unidos de 1974 a uma prisão de metal que ele chama de Império ou PFN (Prisão de Ferro Negro), mas que imagina como um prolongamento do Império Romano dos primeiros séculos.[36] O que garantiu a continuidade do império através dos séculos foi a Sibila, guardiã da República Romana. "Como ela era imortal, continuou sua obra, depois que Roma desapareceu... desapareceu, mas continuou existindo sob novas formas, com novos sistemas linguísticos e novos costumes. No fundo, o Império sobreviveu (...). Depois da Idade das trevas, reconstruímos, pouco a pouco, o que havia existido e até mesmo mais. Os dentes do imperialismo foram se implantar até no sudeste da Ásia."[37]

36 E, II, p. 278: "Os Estados Unidos de 1974 são, na realidade, Roma por volta de 45 da Era Comum. O Cristo, de fato, está aqui; assim como o reino. Consegui entrar ali em uma ocasião (...). Não são as volumosas obras de filosofia que vão me ajudar; mas sim o *Junky* de William Burroughs".

37 RLA, pp. 157-158 e 210: "Os Estados Unidos e a União soviética, imagino, eram as duas seções do Império, assim como ele havia sido dividido pelo imperador Diocleciano com fins puramente administrativos; no fundo, tratava-se de uma única entidade, com um sistema único de valores. E seu sistema de valores se resumia à noção de supremacia do Estado".

Mas as religiões obedecem a uma outra temporalidade, possuem uma outra memória e transmitem outras mensagens. Elas são as forças políticas do futuro, únicas capazes de nos liberar desse condicionamento milenar. A distinção entre os hemisférios, dessa vez, é o sinal de uma luta ancestral entre duas entidades superpotentes. De um lado, o Império, a doença da Terra que prolifera como um vírus; do outro, os emissários da informação viva, os médicos que aparecem esporadicamente no curso da história para liberar os homens de seu condicionamento mental. Eles se dirigem às lembranças ancestrais escondidas no inconsciente coletivo, aos "bancos memoriais" depositados em nós; eles tentam estimulá-los através de sinais secretos que agem como "instruções de descondicionamento", de acordo com uma versão *high-tech* do historial.[38]

•

De maneira geral, os cadernos febrilmente redigidos durante oito anos, depois das "experiências religiosas" de fevereiro-março de 1974, reunidos sob o título *The Exegesis,* testemunham o encontro entre o delírio das religiões, os delírios de Dick e sua inventividade no domínio da FC. Seu trabalho "exegético" não consiste em uma restituição "exata" dos textos sagrados, mas em uma compilação fantasiosa e delirante de hipóteses vindas de todas as partes. Não estamos longe das exegeses inspiradas pela *scientia Dei* que, ao "comentar a Anunciação, viam ali algo como um cristal de acontecimento único e, ao mesmo tempo, uma floração absolutamente extravagante de sentidos incluídos ou associados,

38 Cf. *SIVA*, apêndice, T, p. 286 sq.

aproximações virtuais, memórias, profecias referentes a tudo, desde a criação de Adão até o final dos tempos, desde a simples forma da letra M (inicial de Maria) até a prodigiosa construção das hierarquias angélicas".[39]

Encontramos a mesma proliferação em Dick, com a diferença que também são evocadas tanto a Sibila de Cumas quanto Esculápio, o deus da cura; tanto Osíris quanto Dioniso, ou Brama e Vishnu, ou Aquenáton e Shiva; o *I Ching*, mas também a teoria da informação; *O livro tibetano dos mortos*; referências a Platão, Hegel, ao *Tao-te-king*; a Whitehead, Jung ou Giordano Bruno; elementos da *Gestalttheorie;* textos da tradição ocultista – espécie de proto-FC –; escritos esotéricos, como as hipóteses do estranho e controverso arqueólogo John Allegro, que supõe que a relação com Deus, no cristianismo primitivo, estava ligada à ingestão ritual de cogumelos alucinógenos.[40] Todas essas leituras acumuladas têm como único objetivo resolver o enigma da crise religiosa de "fevereiro-março 1974" de um ponto de vista ao mesmo tempo clínico, metafísico, metapsíquico, cosmológico, teológico e ontológico. "Imagino que estou contando tudo isso à minha psicoterapeuta. 'Em que você está pensando, Phil?', ela perguntaria logo que eu chegasse. E eu responderia: 'Esculápio me guia desde a Atenas do século de Péricles. Estou aprendendo a falar grego ático'. Ela diria: 'Ah, sim', e eu logo iria embora para (...) um lugar calmo, a

39 Georges Didi-Huberman, *Devant l'image*. Paris: Minuit, p. 30-31. [Ed. bras. *Diante da imagem,* trad. de Paulo Neves. São Paulo: Editora 34, 2013.]

40 E, II, p. 223: "Para explicar fevereiro-março de 1974, eu me inspiro, portanto, no *O livro tibetano dos mortos*, no orfismo, no gnosticismo, no neoplatonismo, no budismo, no esoterismo cristão e na Cabala". A tese de Allegro é retomada em *A transmigração de Timothy Archer*.

cem dólares diários, onde dão a você todo o suco de maçã que você quiser, desde que seja com Thorazine."[41]

Ele não chegou até mesmo a acreditar que seus romances, na realidade, são livros santos, ditados por uma potência divina? "Como não paro de dizer, tenho a sensação, *a posteriori*, de que *Fluam, minhas lágrimas...* e muito provavelmente *Frolix 8* foram ambos confeccionados no nível subliminar e que eles contêm um conteúdo codificado ou estenografado que emana do Logos ou da Essência divina, e diz respeito ao Logos ou à Essência divina" (E, I, p. 313). O que quer dizer que um livro como *Ubik* não teria sido escrito por Dick, mas pelo próprio *Ubik,* ou seja, a divindade presente sob diversas formas na narrativa, "o que coloca esse romance na categoria das Escrituras" (E, I, p. 485). Tudo aquilo que ele escreveu não seria uma prefiguração das suas experiências religiosas: a pluralidade dos mundos, o confronto entre divindades, os "falsos" mundos, a propagação de informações, umas falaciosas, outras salvadoras? "Meus vinte e sete anos de escrita poderiam ser considerados como uma espécie de aprendizado que culminou no momento em que eu estava preparado para os acontecimentos de fevereiro-março 1974" (E, I, p. 489). Ele chega a descrever sua vida "de antes" como os psiquiatras do século XIX descrevem a fase de incubação que precede os episódios psicóticos.[42] Todos os seus romances se tornam narrativas premonitórias e fazem de Dick uma espécie de "precog" dele mesmo.

Se *The Exegesis* pode dar a impressão de que Dick está "perdido" para a FC e que oscila em uma forma de

41 Sutin, p. 489. A Thorazine é um medicamento usado para o tratamento das psicoses agudas.

42 Maleval, op. cit., capítulo II.

esoterismo religioso, os romances contemporâneos desse período mostram, no entanto, o contrário: é o conteúdo das religiões que passa por completo na FC. Em *VALIS*, o Cristo se torna um emissor eletromagnético; Deus se transforma em estação extraterrestre que os russos tentam destruir; o mundo se tornou um holograma projetado pela divindade para nos enganar etc. Através dos seus delírios paranoicos e megalomaníacos, Dick se confrontou com o delírio religioso, que talvez seja o maior rival da FC, mas também um precioso aliado. Não foi, de fato, a religião que primeiro criou mundos delirantes próximos da FC, com seus milagres, intervenções sobrenaturais, seres supraterrestres, divindades, anjos, serafins, espíritos? Ela não quis recuperar no seu interior todos os estados psíquicos anormais - delírios, transes, visões, alucinações - para fazer deles sinais do outro mundo? Era, portanto, normal que Dick, tomado pelo delírio, tenha se voltado para ela para finalmente reintegrar esses delírios no campo da FC. Se foi possível dizer que Philip K. Dick havia "realizado totalmente" a FC, é menos porque ele esgota esse gênero - explorando o gênero e a paródia do gênero - do que por revelar a tentação religiosa ou mitológica que habita talvez no fundo de toda narrativa de FC.

O que caracteriza o conjunto desses delírios não é que alucinações ou visões "subjetivas" sejam consideradas reais, é mais o fato de que *elas permitem tomar os falsos mundos por irreais*. Uma das características do delírio esquizofrênico, segundo Louis A. Sass, não é a confusão do real com o imaginário nem a regressão para um mundo arcaico, como interpreta Dick a partir da leitura de Jung e Freud, mas a afirmação de que aquilo que todos consideram verdadeiro ou "objetivamente real" foi de fato atingido pela irrealidade.[43] Se o dualismo é uma forma recorrente na obra de Dick - particularmente a partir das experiências religiosas - que tem aspectos ora do platonismo, ora dos gnósticos (Prisão *versus* Jardim de Palmeiras, desordem *versus* informação, morbidade destrutiva *versus* vitalidade criativa etc.), não é porque ela permite afirmar a realidade de um mundo anterior, mas, pelo contrário, porque permite desqualificar a realidade falsificada do mundo no qual somos forçados a viver e fazer dele um mundo "falso" que nos afasta da realidade desse mundo. Como continuar acreditando nesse mundo sem aceitar as falsificações que nos são impostas? Que ficções, que realidades inventar que nos permitam escapar, transformá-lo sem recair na ficção dos mundos de fundo? "Todo sistema que afirma: esse mundo é lamentável, espere pelo próximo, desista, não faça nada, renda-se - constitui talvez a Mentira fundamental" (E, I, p. 61).

43 Sass, op. cit., p. 52: "De fato, não consideramos suficientemente o fato de que os delírios esquizofrênicos implicam geralmente não uma crença no irreal, mas uma não crença em alguma coisa que a maioria das pessoas acredita ser verdade".

CAPÍTULO 9

Caça e paranoia

IDENTIFICAMOS DOIS TIPOS DE PERSONAGENS EM DICK: de um lado, os androides, os homens programados que perseguem um objetivo do qual nada deve desviá-los. Todo o seu ser é dominado por uma ideia fixa. Sua energia está totalmente a serviço dessa ideia, o que os torna semelhantes às máquinas – ou insetos, de acordo com uma imagem recorrente em Dick. Seu objetivo final é a posse ou a preservação de um mundo, do mundo "deles". Eles só sabem comandar e executar, duas operações de qualquer programação. Do outro lado, indivíduos que tentam escapar desses mundos, de acordo com formas variadas de simpatia, da confiança à empatia, do *ágape* à *caritas*. Em vez de ficarem fechados em um mundo, eles circulam entre os mundos, correndo o risco de se perderem na loucura ou se deixarem capturar pela "caixa de empatia", onde não terão outra escolha a não ser identificar-se com um Cristo televisionado.

Nos paranoicos, vimos que essa ideia fixa é maligna, profundamente maligna e, se seguida até o fim, conduz à destruição de toda forma de vida. Encontramos até um cientista cômico que pensa que a origem da vida é puro ressentimento; ela viria de um Princípio de Irritação Suficiente: "Existe uma eternidade no fundo dos tempos; um pedaço inanimado de matéria ficou tão irritado que abandonou seu lugar num gesto de indignação" (N1, p. 395). Isso confirma que, no paranoico, tudo é apenas reação; tudo aquilo que vem do exterior o agride, irrita, provoca, mesmo quando ele está sozinho. O próprio fato de viver tem alguma coisa de insuportável. "Isso deve ser a primeira manifestação da paranoia.

Essa impressão aguda, desagradável de ser observado (...). Até mesmo o elemento medo ficava menor: era a sensação de ser visível, *um alvo*, que tornava esse fator insuportável". Daí uma vontade inflexível destinada a odiar toda forma de vida.

Sob vários aspectos, o diagnóstico de Dick coincide com o de Lawrence: "Tudo na América está fundado na vontade. Uma poderosa vontade negativa parece se opor a toda vida espontânea – parece não haver nisso nenhum sentimento –, não há verdadeira compaixão e simpatia viscerais; apenas essa vontade crispada, vontade de ferro, indulgente que, na verdade, é diabólica (...). Por isso penso que a América não é nem livre nem brava, mas um país de pequenas vontades medíocres que ressoam como metal, todo mundo tentando enganar todo mundo, e um país de homens totalmente desprovidos da verdadeira coragem que é a confiança, a confiança na espontaneidade sagrada da vida. Eles só confiam na vida quando a dominam".[1]

Em Dick, os seres de vontade são animados por uma ideia fixa ou "supervalorizada" da qual eles são escravos.[2] Não é mais um servomecanismo, mas servoideismo ou servoidealismo. Não podemos nem mesmo dizer que essa vontade pertence a eles, tão grande é sua submissão. Mesmo que comandem, têm um gosto profundo pela obediência, tanto a dos outros quanto a deles.[3] A vontade é um outro nome para a faculdade de obedecer e se fazer obedecer. "Tornar-se

1 D. H. Lawrence, *Lettres choisies*. Paris: Gallimard, 2001, pp. 143-144.

2 Sobre a ideia supervalorizada, cf. *La Transmigration de Timothy Archer*, T, pp. 668-669.

3 Gilles Deleuze e Félix Guattari, *O Anti-Édipo*, trad. de Luis B. Orlandi. São Paulo: Editora 34, 2010, p. 337: "Eu também sou escravo, são estas as novas palavras do senhor".

aquilo que, por falta de um termo mais conveniente, chamei de androide significa, como já indiquei, se deixar transformar em instrumento, se deixar esmagar, manipular, tornar-se um instrumento contra a sua vontade ou sem consentimento - é tudo a mesma coisa (...). A androidização exige obediência."[4]

Tudo é fixo no paranoico de Dick, não apenas o sistema do pensamento, mas o rosto, máscara inexpressiva, que se tornou simples câmera ou espelho sem estanho. "Olhos de paranoico (...). Sua fixidez revelava uma mobilização total das faculdades, uma concentração psicomotora absoluta. Uma disposição que nada tinha de voluntária (...). Sua contenção de espírito tornava impossível qualquer compreensão empática. Seus olhos não refletiam nenhuma realidade interior, eram um espelho reenviando sua imagem exata ao observador. Eles instauravam um obstáculo intransponível à comunicação, uma barreira impenetrável que o seguiria até o túmulo" (R4, p. 342). O paranoico faz parte desses personagens frios e calculistas cujo rosto é só uma máscara. É como se eles estivessem *atrás* do rosto, pois têm muito a esconder e às vezes é necessário rachá-lo como uma casca de ovo para fazer aparecer o rosto interior que ele dissimulava.[5] Porém encontramos igualmente o comportamento inverso, aqueles que multiplicam as mímicas e se projetam para a *frente* do rosto para fazê-lo desaparecer atrás de uma expressividade exagerada, um natural forçado, esperando

4 *Si ce monde*, p. 36.

5 Cf. *Mensonges*, p. 144 sq: um personagem quebra um rosto como uma casca e descobre um "rosto interior", um "rosto mole e encharcado, escorrendo, um rosto feito de oceano e que cheirava mal", provido de um único olho com o cristalino múltiplo.

dissimular, no entanto, o quanto seu rosto os trai. "Sou assim na superfície. É o que as pessoas veem. Os olhos, o rosto, o sorriso chocho e dissimulado, mas, por dentro, sou sempre frio e minto."[6]

Se há tantos paranoicos em Dick, é por causa, primeiramente, do clima de paranoia que se instalou com a Guerra Fria, do macarthismo ao caso Watergate, mas também por causa das mudanças sociais que o acompanharam. Dick antecipa, à sua maneira, as análises de Stuart Ewen segundo as quais a invasão da publicidade favoreceu a paranoia na construção de si.[7] Você não está com uma cara estranha? O que você está parecendo com esse modelo antigo? Você não está ultrapassado? As mensagens publicitárias em Dick, aliás, são geralmente dessa natureza, ou porque elas favorecem a paranoia ("Há que se defender a própria privacidade (...). Será que um estranho está sintonizando você? Você realmente está sozinho? (...). Suas ações estão sendo previstas por algum desconhecido?"),[8] ou porque a provocam diretamente, como o pianista psicótico de *O tempo dos simulacros*, convencido de que uma publicidade de perfume "impingiu a ele um odor corporal fóbico" que pode contaminar o mundo todo.

Uma outra característica do paranoico é a impossibilidade de sair do "seu" mundo, já que ele deve estar sempre o defendendo das ameaças de invasão. Como ele poderia renunciar ao axioma delirante que comanda todo o seu

6 *Substance mort*, p. 368.

7 Cf. Stuart Ewen, *Captains of consciousness*. Nova York: McGraw-Hill Book Company, 1976, particularmente o capítulo 3.

8 *Ubik*, p. 14. [Ed. bras. *Ubik*, trad. Ludmila Hashimoto. São Paulo: Aleph, 2019, p. 17.]

sistema de pensamento se esse axioma o obriga a uma vigilância constante, se tem que percorrer os limites do seu mundo para protegê-lo da menor intrusão?[9] Sua ideia é fixa porque ela crava literalmente o indivíduo no seu mundo. Não apenas o paranoico está necessariamente sozinho, mas ele tenta isolar os outros, engendrar neles o mesmo círculo de desconfiança que aquele que o cerca. Sua solidão não é povoada, mas necessariamente despovoada, já que a aparição de outrem ameaça a onipotência que ele exerce no "seu" mundo. Ele é o agente da atomização, como o grande paranoico que queria explodir bombas cada vez mais devastadoras.[10] *É preciso atomizar tudo*, a matéria e também o campo social, que cada um fique política e socialmente só (contra todos). O individualismo - sob todas as formas - é, antes de tudo, um pensamento paranoico. O inimigo é *a ligação* entre átomos ou indivíduos, todas as formas de colaboração, cooperação etc. "Diante de Freneksy, seus interlocutores voltavam a ser o que eram no nascimento: indivíduos isolados que não recebiam nenhuma ajuda das instituições que supostamente representavam (...). Fim da relatividade de uma existência, normalmente vivida com outros, em um estado de segurança mais ou menos adaptado, mais ou menos flutuante (...). Ele bombardeava a sala e a assistência com princípios, como se quisesse destacar progressivamente todos uns dos outros" (R4, pp. 343; 346).

Além da desconfiança generalizada e da ausência de empatia, o que interessa a Dick é a aptidão do paranoico para raciocinar de acordo com os "postulados falsos, a partir dos

9 Ver o retrato detalhado do chef paranoico em *Clãs da lua Alfa*.

10 R3, p. 685: "A bomba H foi um erro monstruoso, oriundo de uma lógica paranoica. O produto de um louco paranoico".

quais ele constrói incansavelmente um sistema de crenças particularmente elaborado e não desprovido de coerência interna em relação ao axioma delirante".[11] O sistema de pensamento do paranoico se apresenta como um conjunto de barricadas, e pensar é apenas um ato de autodefesa.[12] Qual é o axioma em questão? Ele pode ser formulado assim: quanto mais as aparências estão contra ele, mais elas lhe dão razão na realidade, já que o princípio fundamental é que nunca devemos confiar nas aparências. Ou seja, o paranoico tem sempre razão, tanto o "vírus da retidão" é virulento nele.[13] Nesse sentido, o paranoico é o homem de uma única ideia que age com a força de um último princípio, não no sentido em que ele seria o mais elevado dos princípios, mas no sentido em que é o único que lhe resta. Este axioma é a última das ideias incondicionalmente verdadeiras, aquela que sobrevive a todas as críticas, a todas as destruições que o paranoico é capaz de fazer em nome dela.

A narrativa que ilustra melhor essa descrição é *Shell Game*, uma das obras-primas de Dick, que conta a história de uma

11 *Les assiégés*, N1, p. 1207.

12 Cf. *Si ce monde*, pp. 69-70: "(...) porque, para um paranoico, nada surpreende, tudo se passa exatamente como ele havia previsto e, com frequência, até mesmo mais do que exatamente. Tudo faz parte de seu sistema. Para nós, no entanto, não há sistema. Pode ser que todos os sistemas – ou seja, toda formulação teórica, verbal, simbólica, semântica etc. que tenta se colocar como hipótese totalizante, podendo explicar o universo na sua totalidade – sejam manifestações de paranoia".

13 Cf. a declaração de um personagem do conto *Non-O*, N1, p. 1142: "Sempre classificamos a paranoia entre as doenças mentais. Mas é um erro! Ela não acarreta a perda de contato com a realidade – pelo contrário (...) o paranoico vê as coisas como elas são de verdade; de fato, ele é único homem são de espírito".

nave acidentada num planeta cujos membros da tripulação estão convencidos de que um inimigo inatingível está tentando eliminá-los por todos os meios - gases inodoros, água envenenada, difusão de vírus e resíduos bacterianos -, sem falar de um espião inimigo que teria se infiltrado no grupo. Um deles descobre uma gravação com a qual ficam sabendo que, na realidade, eles seriam pacientes paranoicos a bordo de uma nave-hospital. "Em que acreditar agora? *Estamos sendo atacados ou não?* - Estamos nos defendendo há cinco anos. Não é uma prova suficiente?" (N1, p. 1208). Para resolver o dilema, eles decidem se submeter a um teste coletivo. Mas a situação degenera rapidamente ao final do teste; eles acabam se matando uns aos outros porque uma parte da tripulação adivinhou que essa história de gravação e teste era só uma armadilha para se livrar deles. Tudo está ali: a desconfiança, o ódio destruidor e a ideia fixa. "Certamente venceremos, pois somos mais aguerridos. Nunca nos desviamos da nossa ideia fixa" (N1, p. 1212).

Por meio da sua crítica da ideia fixa e da loucura maníaca da vontade, Dick se inscreve em uma longa tradição da literatura americana. Estamos pensando, é claro, em Ahab,[14] o grande maníaco animado por uma ideia fixa de vingança, ou na esplêndida descrição da ideia fixa do caçador de índios em *The Confidence-Man*.[15] De fato, é Melville que nos

14 Capitão Ahab, o caçador da baleia no romance *Moby Dick*, de Melville. (N.T.)

15 Cf. Herman Melville, "L'escroc à la confiance", in *Œuvres IV*. Paris: Gallimard, "Bibliothèque de la Pléiade", 2010, p. 775: o retrato do homem que rumina um ódio pelos índios até que "a ideia desenvolve uma enorme força de atração e (...), assim como vapores esparsos se reúnem de todos os lados em uma nuvem de tempestade, as imagens esparsas de outras violências vêm se juntar em volta do núcleo do seu pensamento,

faz perceber até que ponto a ideia fixa transforma os indivíduos em *caçadores* obsessivos. Se essa noção atravessa a literatura, da caça aos índios ou aos ímpios das narrativas de Fenimore Cooper e Nathaniel Hawthorne, da caça aos índios de Melville à caça aos androides em *Androides sonham com ovelhas elétricas?*, é porque a história dos Estados Unidos se apresenta como uma sucessão ininterrupta de caças ao homem, caça aos índios, caça aos negros, caça às bruxas, caça aos operários, aos imigrantes, aos vagabundos, aos comunistas. O espaço da "Fronteira" foi concebido não apenas como um mundo a ser conquistado, mas como o terreno de uma caça ao homem, a ilha do conde Zaroff[16] estendida às dimensões de um continente.

Essa caça ao homem, sempre empreendida pelos brancos, é na realidade uma caça ao inumano, definido como outro do homem branco. É sempre esse outro que é caçado. Ele não é visto como um homem, mas como uma "criatura" submissa ora aos seus instintos (homem-animal, sub-homem, homem inferior), ora às forças diabólicas (ímpios, substitutos), ora às potências estrangeiras (agente comunista, homem-máquina). Em todos os casos, ele nada mais tem de humano. Todos os intrusos são inimigos e todos os inimigos têm alguma coisa de inumano. Aliás, é por isso que os paranoicos podem até mesmo ter como inimigos objetos que se tornaram "malignos".[17] No caso da caçada, não se

---

se aglomeram aumentando seu tamanho (...). Seu ódio, a partir de então, será um vórtex de sucção do qual nem mesmo o mais longínquo descendente da raça culpada poderá racionalmente esperar escapar".

16 Personagem do filme *Zaroff, caçador de vidas* (1932), nobre russo insano que caçava humanos em sua remota ilha. (N.T.)

17 Sutin, p. 179: "O derradeiro estágio da paranoia não é acreditar que todo

trata mais de um inimigo; ou melhor, o inimigo se torna a caça, *the most dangerous game.*[18]

A outra solução, mas que é apenas o complemento vergonhoso dessa, não consiste mais em exercer uma vontade assassina, mas em fazer um ato de caridade, não a *caritas* de Dick, mas uma caridade desumanizante, a "vontade de ferro indulgente, diabólica" da qual fala Lawrence. Indulgente apenas porque ela poupa as vidas e até mesmo garante a elas, às vezes, as condições mínimas da sobrevivência. Trata-se, de fato, sempre de caçar, mas, desta vez, de expulsar os inumanos para fora do mundo. Não mais o extermínio, mas a interminável agonia nos campos, nas reservas ou nos guetos. *Vontade* inflexível de um lado, *caridade* transformada em piedade do outro, os dois hemisférios se tornaram os freios de um torniquete humano.

Em *Les démons de l'Amérique,* Michael Rogin destaca justamente que, antes da Guerra de Secessão, a caça se concentra nos índios e negros, no Sul e no Oeste. A seguir, os conflitos se deslocam para atingir as zonas urbanas e expulsar a classe operária imigrante, os sindicatos (o que não impede que as antigas caças continuem). Com a Guerra Fria, o inimigo muda novamente. Agora são os agentes a serviço da União Soviética que se tornam o inimigo, um inimigo cada vez mais interior, cada vez mais invisível e indefinido, para

---

mundo detesta você, mas que todas as coisas estão contra você. É quando não mais dizemos 'meu patrão conspira contra mim', mas sim 'o telefone do meu patrão conspira contra mim'". Cf. o conto *Colony*, no qual os personagens desembarcam em um planeta acolhedor, mas são bruscamente agredidos pelos seus microscópios e suas toalhas de banho.

18 "O jogo mais perigoso do mundo", referência a *The Most Dangerous Game,* conto de Richard Connel publicado em 1924. (N.T.)

um Estado cada vez mais paranoico.[19] "O governo começou a recrutar e a empregar (...) agentes civis que se deslocavam para todos os lados e controlavam qualquer um que fosse suspeito de representar uma ameaça para a ordem pública, ou por aquilo que tinha feito anteriormente, o que era o caso de Nicholas, ou por aquilo que fazia atualmente, o que era o meu caso, ou ainda por aquilo que poderia fazer no futuro, o que poderia ser o caso de qualquer um de nós."[20] Para Dick, a figura exemplar dessa paranoia era menos McCarthy do que Nixon e sua loucura de espionagem.

Com a Guerra Fria, não apenas o inimigo se torna invisível (é um homem branco como os outros), mas se torna indiscernível daquele que o caça, como em *Androides sonham com ovelhas elétricas?*, em que o caçador de androides talvez seja ele mesmo um androide, ou ainda o predador se torna sua própria presa e espiona a si próprio. O agente de *O homem duplo* vigia o traficante que, por outro lado, ele mesmo se tornou. O hemisfério esquerdo é a câmera que espia todos os movimentos do hemisfério direito. Estamos a bordo da nave de *Shell Game*, em que cada um desconfia de todos. Também é preciso, portanto, caçar os pensamentos, e daí os policiais telepatas em Dick, como em *O fabricante de gorros*. Isso significa que o caçador não pode ter a mesma certeza que tinha no passado, já que os inimigos se

19 Michael Rogin, *Les démons de l'Amérique*. Paris: Seuil, 1998, p. 54: "Depois do primeiro momento em que os brancos foram lançados contra os povos de cor e o segundo, que havia mobilizado os americanos contra os estrangeiros, esse terceiro tempo, que gira em torno da sociedade de massa e do Estado, deveria colocar nas mãos de uma burocracia encarregada da segurança da nação a tarefa de enfrentar os agentes invisíveis de uma potência estrangeira".

20 RLA, p. 96.

infiltraram por toda parte, até mesmo nos cérebros. Sim, ele caça outra coisa que não o homem (o homem-máquina programado, doutrinado), mas ele mesmo não sabe se ainda é humano e se o outro não é mais humano do que ele. O problema está todo aí: durante a caça, o que garante que ele está perseguindo a presa certa e não se tornou ele mesmo a presa que ele persegue? Essa é a pergunta do caçador paranoico. "Não haverá alguém espionando seus pensamentos? Você está mesmo sozinho?"

CAPÍTULO 10

Entre vida e morte

– Sabe, disse Crayne, estar morto é uma experiência incrível.
– É o que você diz.
PHILIP K. DICK

O PROBLEMA GERAL DE DICK "O QUE É A REALIDADE?" ESTÁ estritamente relacionado a um outro problema, também crucial: o que está vivo e o que está morto? Como distinguir? Como sabemos que estamos vivos e não mortos? Esta é uma pergunta que preocupa muitos personagens de Dick: "Estou vivo? Estou morto?". Os androides não são apenas robôs que imitam o homem a ponto de confundi-los, são também homens desprovidos de vitalidade que falsificam a vida. Essa confusão é possível porque existem homens desvitalizados entre os vivos, homens "falsificados", com um "falso *self*", como em Winnicott. "Tânatos pode adotar todas as formas que ele desejar: ele pode matar Eros, a força vital, e imitá-lo em seguida. Se Tânatos faz isso com você, você está perdido: acredita estar sendo guiado por Eros, mas é apenas Tânatos usando uma máscara",[1] o que é particularmente o caso dos paranoicos de Dick.

Em Dick, está vivo aquele que serve a vida; morto aquele que serve a morte, que sujeita e mutila a vida. A ausência de empatia dos homens-programa faz deles homens mortos que não "compreendem a vida enquanto não a dominam", para retomar a fórmula de Lawrence. Eles estão mortos

1 *SIVA*, T, p. 154.

para sua própria vitalidade, sua própria sensibilidade, e seu rosto é apenas uma máscara que simula emoção e afeição. Compreendemos por que Burroughs fala de vírus: alguma coisa tomou conta do cérebro humano – nem vivo nem morto –, separou o homem da sua vitalidade e substituiu-o por uma vida artificial independente que procura se prolongar para além de toda a vida orgânica.

Vimos que, em *O homem duplo*, o personagem se submete a uma morte cerebral, uma morte da sensibilidade que o transforma em puro instrumento de visão, como uma câmera sobre um tripé. Não se trata apenas de descrever os drogados como zumbis, mas de mostrar como o personagem morre e sobrevive organicamente a essa morte, esvaziado de toda substância: ele é apenas um olho diante do qual desfilam imagens.[2] "Pense um pouco: você está consciente, mas não está vivo. Você vê, compreende, mas não vive. Seu nariz está colado na vidraça. Você reconhece as coisas, mas isso não faz de você um vivente. Podemos morrer e ainda durar. Às vezes, aquilo que te observa por trás dos olhos de alguém morreu na infância. Morreu e está ali, e continua olhando. Não é apenas o corpo, sem nada dentro que te olha; não, ainda há alguma coisa no interior que morreu há muito tempo, mas continua olhando para fora, e olha, olha outra vez, sem conseguir parar."[3] O *junkie* tornou-se uma câmera sem memória, um olho vazio.

São inúmeras as narrativas em que os indivíduos morreram no íntimo, embora ainda estejam vivos organicamente.[4]

2 *Substance mort*, p. 380: "Os mortos cujos olhos ainda estão abertos, mesmo que não compreendam mais: eles são nossas câmeras".

3 *Substance mort*, p. 348.

4 Cf. por exemplo, *La Transmigration de Timothy Archer*, T, p. 780, quando

Mas é o contrário que principalmente interessa a Dick: todos os casos em que indivíduos organicamente mortos continuam, no entanto, vivendo. É um novo limite que se confunde, não mais entre realidade e ilusão, entre eu e não eu, mas entre *vida e morte*. Não podemos mais manter a alternativa: vivo ou morto. Em Dick, podemos estar as duas coisas ao mesmo tempo, ou nem uma nem outra, nem completamente vivo, nem completamente morto. "Estamos mortos ou não? Você diz uma coisa e depois outra. Você não pode ser racional."[5] Já estar morto, quando ainda estamos vivos, ou o contrário: fazer dos mortos seres ainda vivos. Um dos casos mais surpreendentes é em *Dr. Bloodmoney*, em que a "menina que tem um irmão gêmeo que vive no interior do seu corpo, na zona inguinal, do tamanho de um coelho recém-nascido". Ele ouve a voz dos mortos, "esses mortos vazios e cheios de palavras, que nunca se divertem com nada", e se queixa da vida fetal com a irmã. Esse irmão larvário está literalmente entre a vida e a morte, garantindo a comunicação entre os dois mundos.[6]

•

Uma das características de certas narrativas de Dick é que, com frequência, as pessoas morrem *logo no começo*. As

---

a jovem diz: "Agora sou uma máquina (...). Uma máquina não sabe o que faz (...). Ela mantém sua rotina. Vive aquilo que supõe ser a vida: ela se adapta ao seu programa e obedece às leis. Ela não ultrapassa o limite de velocidade na Richardson Bridge".

5 *Ubik*, p. 209. Sobre esse ponto, cf. Serge Leclaire, "La question de l'obsédé", *Psychanalyse*, n. 2.

6 *Dr. Bloodmoney*, R2, p. 924: "Esse Bill, no corpo de Elie Kelles, vive, de certa maneira, entre os mortos. Metade no nosso mundo, metade no outro".

primeiras linhas do conto *Rautavaara's Case* são exemplares a esse respeito: "Os três técnicos do globo flutuante, encarregados de controlar as flutuações dos campos magnéticos interestelares, saíram-se muito bem; morreram lá em cima" (N2, p. 1126). Imediatamente a questão se coloca: se todos os personagens morrem logo na primeira frase, o que pode acontecer depois? Como se pode viver se estamos mortos? Mesma pergunta para *Os olhos do céu*, onde todos os personagens ficam em coma no final do segundo capítulo, ou ainda *Ubik*, cujos protagonistas morrem numa explosão logo no início do romance. A narrativa descreve então o destino de personagens mortos, mergulhados em um estado de "semivida", como se o famoso enunciado impossível que conclui o conto de Poe, "agora, estou morto", tivesse liberado novos possíveis.[7] Como diz Stanisław Lem, o romance realista não pode descrever o que acontece com o herói depois da sua morte; ele deve ser interrompido onde a FC está livre para continuar sua narrativa.

Na medida em que a FC não para de colocar a questão da sobrevida, compreendemos que Dick tenha se interessado pelas formas de vida *post-mortem*. Como continuar vivendo quando estivermos mortos? É uma obsessão em certos personagens de Dick, principalmente naqueles que exercem um poder político, como se o poder não fosse separável de uma fantasia de imortalidade como ideia fixa suprema. É o

7 E. A. Poe, "La vérité sur le cas de M. Valdemar" in *Œuvres en prose*. Paris: Gallimard, "Bibliothèque de la Pléiade", p 207. [Ed. bras. *A verdade sobre o caso do sr. Valdemar* (ed. eletrônica), trad. Paulo Soariano. Triumviratus, 2016.] Cf. as observações de Roland Barthes, que vê nesse enunciado "a invenção de uma estranha categoria: o verdadeiro-falso, o sim-não; a morte-vida é pensada como um inteiro indivisível", em *L'aventure sémiologique*. Paris: Seuil, p. 353.

caso do ditador hipocondríaco Molinari de *Espere agora pelo ano passado*, secretário das Nações Unidas e "chefe" de uma Terra em guerra contra invasores extraterrestres.[8] Seu estado de saúde, à beira da morte, faz com que as negociações com o inimigo sejam sempre adiadas. Sua agonia interminável constitui um verdadeiro "instrumento de estratégia política"[9] que o obriga a contrair - por empatia - as doenças mortais que atingem os que estão à sua volta. "Sua hipocondria era real. Não eram apenas simples sintomas histéricos: ele era verdadeiramente atingido por afecções que, de modo geral, terminavam em morte" (R4, p. 303). Ele está sempre morrendo, ou então morre de vez; morre até mesmo várias vezes, em uma reunião decisiva para o destino da Terra. É como se Molinari tivesse constantemente que se matar para garantir sua sobrevida política. Ele consegue isso usando os corpos de outros Molinaris, saídos de mundos paralelos, que ele vai matando um após o outro, como se fossem corpos de substituição. Dessa maneira, ele instaura um novo tipo de dinastia, fundada não mais na diacronia, mas na sincronia. Ele realiza aquilo que talvez seja o sonho secreto de toda dinastia: suceder perpetuamente a si mesma.

É como uma nova versão da teoria dos dois corpos do rei da teologia política da Idade Média, exposta por Kantorowicz. O soberano era, de fato, aquele ser excepcional que reúne em si dois corpos, um corpo orgânico humano e um corpo político divino. O corpo natural é um corpo mortal, sujeito às enfermidades, às feridas e à morte, enquanto o político é um corpo glorioso, invisível, intocável que "não conhece nem

8 O romance o apresenta como uma "mistura de Lincoln e Mussolini" (*En attendant l'année dernière*, R4, p. 282) e uma figura crística (Sutin, p. 668).

9 *En attendant l'année dernière*, R4, p. 444.

infância nem velhice", nem ferimentos nem morte. Seus membros não são aqueles do corpo orgânico, mas os do corpo político; são os súditos do reino do qual ele é a "cabeça" ou a "alma". Essa dualidade podia ser interpretada de duas maneiras: ora como uma *dissociação* entre o corpo político eterno do reino e os corpos naturais que tomavam sucessivamente a "cabeça"; ora, pelo contrário, como uma *geminação*. O soberano, como o Cristo, possuía então uma dupla natureza: mortal por natureza e imortal por graça.[10]

Em Dick, é evidente que o problema não se coloca mais nos mesmos termos. Ele não é mais teológico-político, mas tecnopolítico; a dualidade homem-deus foi substituída pela dualidade homem-máquina. No caso de Molinari, o processo lembra o da antiga geminação, mas, como os recursos de um mundo transcendente se tornaram inacessíveis, é preciso utilizar aqueles dos mundos paralelos. Privados dos efeitos de uma graça superior, da virtude performativa dos dogmas teológicos, só podemos contar com as drogas e a tecnologia médica. Daí um corpo constantemente remendado por enxertos de órgãos sintéticos (os "enxertorgs"). A ressurreição não é mais uma questão de graça, mas de transplante.

É igualmente o caso do focômelo de *Dr. Bloodmoney,* um dos personagens mais inquietantes de Dick, a meio caminho entre Ricardo III e Richard Nixon. Movido por um profundo ressentimento, ele substitui seu organismo diminuto por um corpo tecnológico que controla mentalmente com a ajuda de poderes paranormais. "Antigamente, os fios estavam conectados no meu corpo. Agora, as ligações são feitas no cérebro. Eu mesmo as implantei" (R2, p. 861). Ele troca

10 Ernst Kantorowicz, *Les deux corps du roi*. Paris: Gallimard, "Folio Histoire", 2019, p. 82.

assim seu corpo orgânico por um corpo político autoritário graças ao qual exerce seu domínio sobre os membros de uma pequena comunidade pós-atômica. Como no caso de Molinari, não se trata mais de um corpo místico, mas de um corpo tecnológico sob controle cerebral paranormal. Essa transformação é acompanhada de um delírio megalômano e de visões premonitórias que o projetam como senhor do mundo. Ele faz parte desses seres desprovidos de empatia que abrigam um ódio secreto pela vida. Mas é precisamente essa parte androide que quer sobreviver, tornar-se independente de todo "suporte" orgânico para manter eternamente um controle sobre os indivíduos.

Se os recursos da FC permitem constituir uma dualidade dos corpos por geminação, a hipótese de uma dualidade por dissociação não é, porém, abandonada. Só que não se trata mais de dissociar o corpo eterno do reino dos corpos naturais que tomam o poder sucessivamente; trata-se de dissociar o governo real das imagens consensuais que ele fabrica para se perpetuar. A dissociação é, antes de tudo, uma questão de imagens. De um lado, as imagens do poder; do outro, um poder real, mas sem imagens, como em *O tempo dos simulacros*: de um lado, as imagens factícias, imortais, de um presidente eterno (mas que foi substituído por um androide) e de Nicole Thibodaux, "primeira-dama" que se tornou muito popular graças à televisão (mas que morreu há muito tempo e cujo papel é representado por atrizes).[11]

11 *Simulacres,* R3, p. 365: "Eu me chamo Kate Rupert, a quarta a substituí-la. Sou apenas uma atriz que se parecia bastante com a Nicole original para obter o lugar (...). Não tenho nenhuma autoridade verdadeira, quem governa, de fato, é um Conselho". A figura de "Nicole" é inspirada em Jackie Kennedy. Cf. igualmente *The Mold of Yancy* descreve a construção artificial de um personagem popular reproduzível.

Por trás dessas figuras factícias, há um conselho governamental, sem existência legal, cujos membros só são visíveis por intermédio de telas sem nitidez (R3, p. 392). A dissociação tornou-se dissimulação. Os reis não têm mais sucessores, criam-se personagens políticos factícios, atores ou robôs, como o presidente androide de *A penúltima verdade*, cujos discursos são criados por um computador. "O que era introduzido no Megavac-6 sob forma de simples elementos linguísticos acabaria emergindo como uma alocução perfeitamente estruturada que seria gravada por câmeras de televisão e microfones, uma exposição definitiva cuja veracidade não poderia ser colocada em dúvida por nenhum indivíduo lúcido" (R3, p. 457). Não mais se trata de fazer sobreviver um homem providencial através de todos os meios "geminativos" possíveis; o essencial é preservar o engodo de uma imagem popular dissociada para perpetuar um mesmo programa político. A atividade política na era da reprodutibilidade técnica.

É o que mostra também *What the Dead Men Say* (N2, p. 564), que conta a história de um grande industrial que deseja ser reanimado logo após a sua morte para ajudar a eleger seu candidato nas próximas eleições presidenciais. Mas as tentativas de reanimação fracassam. Sua filha é a única herdeira, mas é uma toxicômana mística. Inexplicavelmente, apesar de tudo, o morto consegue enviar mensagens de uma estação satélite distante; suas mensagens de propaganda invadem as mídias e permitem que seu candidato, apesar de medíocre, ganhe as eleições. Pouco importa que se descubra finalmente que tudo era um estratagema da filha, capaz de imitar com perfeição a voz do pai. Isso quer dizer que o pai se alojou na filha; ela entendeu e incorporou isso tão bem que se tornou uma espécie de avatar, semirressurreição ou prolongamento orgânico dele, criança-enxerto e instrumento de reprodução política.[12] Cada um com a sua pseudodinastia.

O corpo político tornou-se um avatar informacional. Morro organicamente, mas sobrevivo informacionalmente; não há interrupção dos programas. Coloquem seus cérebros nas máquinas, colaborem com elas, tornem-se vocês mesmos uma máquina, emitam suas informações, seus programas, imagens e som. As emissões continuam porque você foi gravado, tornou-se corpo audiovisual com um novo *cogito*. Eu me filmo, me gravo, *ego video, ego audio*, como o agente de *O homem duplo*. Criamos nosso avatar feito de imagens e de sons, no interior de um programa do qual nos tornamos agente de propagação. É uma outra maneira para o hemisfério esquerdo de dominar o hemisfério direito, fazê-lo passar para um avatar digitalizado. O morto absorve o vivo e o código. De certa forma, cada um cria seu duplo, seu avatar de imagens e de sons, vampiriza a si mesmo. Há uma espécie de transferência de vitalidade; todas as informações passam para o avatar, enquanto o indivíduo real trabalha para oferecer a ele novos dados. "Nick lançou um último olhar para a imensa sala em forma de gruta com dez mil telas (...). Viu toda aquela gente como ectoplasmas, desprovidos de corpo real. Todas aquelas criaturas, policiais ocupados com suas pequenas tarefas, tinham renunciado a viver, há muito tempo; elas se contentavam em absorver a energia vital das telas sob seu controle – ou, mais exatamente, dos seres que se agitavam nelas" (R4, p. 986).

12 Lembremos que inicialmente os avatares designam encarnações nas formas animais ou humanas do hinduísmo.

Sob esse aspecto, o anti-herói de Dick, por excelência, não seria Richard Nixon? Uma figura de Cristo invertido, captando todo o negativo, absorvendo toda a paranoia do país e com ele também seus dois corpos distintos? Um corpo orgânico e um corpo político paranoico, o da Casa Branca cheia de microfones com o objetivo de garantir um total controle do campo político. A imortalidade não é mais garantida pela graça divina, mas pelas inúmeras horas de gravações. Michael Rogin mostra bem como Nixon constituiu um novo corpo político ao dotar a Casa Branca de um sistema de escutas generalizado.[13] Ela é o novo corpo político, com microfones e um cérebro paranoico delirante, tão dissociado quanto o agente de *O homem duplo*. Como Dick não teria ficado fascinado por Nixon, a ponto de fazer dele um personagem de romance (em *Radio Free Albemuth e VALIS*),[14] e como não teria interpretado a queda de Nixon como um feliz presságio, já que isso significava que ele já não era mais o senhor das informações?

Não se trata mais de garantir a eternidade de um corpo, mas de perpetuar um programa de instruções que permitem controlar um mundo. A ideia é sobreviver como programa ou código, continuar exercendo um controle sobre os cérebros, como o jovem vampiro de *Ubik*. Talvez seja *Ubik* que coloca da maneira mais clara o que implica esse desejo de sobrevida, através do personagem de Jory. Como no conto

13 Rogin, op. cit., p. 94 sq.

14 O presidente paranoico e fascista de *Radio Free Albemuth* foi diretamente inspirado em Nixon, e talvez o episódio dos encanadores que vêm colocar microfones e câmeras, em O *homem duplo*, redigido em 1973 e revisado em 1975, seja uma alusão direta ao caso Watergate, deflagrado em 1972-1974.

Rautavaara's Case, *Ubik* acompanha uma equipe de investigadores-caçadores cujos membros morrem todos logo no começo da narrativa, vítimas de uma explosão. Seguimos, portanto, o destino de personagens mortos numa versão delirante de *O livro tibetano dos mortos*. Todos pensam que sobreviveram; ignoram que foram colocados num "moratório" e mantidos em um estado de semivida. Pouco a pouco, eles descobrem que estão evoluindo em um mundo estranho, submetido a inexplicáveis transformações. De um lado, o tempo recua de forma acelerada - o leite estraga, o café mofa, os aparelhos técnicos e os meios de transporte regridem. De outro, os personagens morrem, uns após os outros, vítimas de um processo de envelhecimento acelerado até virarem pó, "quase mumificados", em menos de uma noite.

No plano de fundo desse mundo submetido a uma entropia galopante, descobrimos uma espécie de vampiro ou de parasita, o jovem Jory, em semivida, no mesmo moratório, e que "engole" o que resta de vida dos outros semivivos para proteger sua existência. Jory age como um vírus que infecta os mundos dos semivivos e absorve sua energia vital, daí seu dessecamento quase instantâneo. Como sempre, em Dick, a guerra dos mundos é uma guerra de psiquismos. Em estado de semivida, os mundos se tornaram virtuais, ao mesmo tempo que os psiquismos se tornaram aparelhos de telecomunicação. Os cérebros são emissores com os quais só podemos nos comunicar regulados na boa frequência. Com *Ubik*, passamos definitivamente para um mundo onde não há mais vivos; subsistem apenas mundos virtuais em guerra uns contra os outros que vivem apenas de vampirizar o pouco de energia vital que ainda alimenta os cérebros. Fazer com que sobreviva esse mundo que criamos em detrimento de todos os outros é a ambição; é nesse sentido que a sobrevida de um mundo exige um corpo político. Os homens-máquina, os semivivos, os androides, todos os seres desprovidos de vitalidade são os agentes desse parasitismo, sinal de uma doença ou de uma "pane" no nosso sistema vital. "Parecemos fitas memoriais (portadores de DNA capazes de sentir) em um sistema pensante de estilo informático que, por mais que tenhamos gravado e estocado corretamente milhares de anos de informação experiencial e que cada um de nós possua relíquias bem diferentes vindas de todas as outras formas de vida, sofre uma disfunção - uma pane - na pesquisa de informações. É aí que está o problema do nosso subcircuito particular."[15]

15 *SIVA*, T, pp. 119-120.

CAPÍTULO 11

O trabalhador manual (ou a variável aleatória)

HENRY JAMES DISTINGUIA OS ROMANCISTAS EM FUNÇÃO DE uma determinada hora ou de uma luz própria, "a cor do ar", que o romancista espalha pelos seus romances, como é o caso da luz matinal de Dickens, do final da tarde de George Eliot, do eterno outono de Charlotte Brontë ou da primavera suspensa de Jane Austen.[1] Essa hora decide a estrutura temporal das narrativas; ela decide seu modo de temporalização. O que James não diz, mas sua descrição subentende, é que ela também é uma maneira de se situar em relação ao acontecimento central que organiza a narrativa. A partir de que dimensão temporal ela é captada? Em que hora imóvel se instalou o romancista para observar a passagem do tempo? Quando tudo começa ou quando tudo recomeça? Ou então quando tudo está acabando, se decompondo? Ou na hora do lobo, quando não entendemos bem o que está acontecendo? Ou então quando nada mais acontece, ou quase acontece? Porque é claro que a hora propícia do romancista é inseparável da maneira de nos fazer perceber os acontecimentos, de nos situarmos em relação a eles.

Quanto à FC como gênero, podemos dizer, como Lem, que ela começa no tempo *posterior*.[2] A narrativa começa depois de uma catástrofe que faz com que tenhamos chegado no ponto em que começa a narrativa. Guerra, epidemia, invasão extraterrestre, cataclismo, explosão nuclear etc., a FC explora

1 Henry James, *Du roman considéré comme un des beaux-arts*. Paris: Christian Bourgois, p. 233 seg.

2 Cf. Lem, op. cit., p. 112.

todos os possíveis da catástrofe para descrever o que vem depois. Estamos no futuro, mas em um futuro rompido com nosso presente, e daí um tempo posterior à história humana. Dick não escapa à regra; suas narrativas começam quase sempre depois de guerras devastadoras que tornaram a Terra inabitável e provocaram a colonização de outros planetas. Se ele está impregnado da atmosfera da Guerra Fria, não é apenas porque suas narrativas ressoam a profunda paranoia dos Estados Unidos, mas porque essa guerra traz em si a virtual destruição da Terra e o fim da humanidade.

Muitas das narrativas de Dick começam, então, depois de uma Terceira Guerra Mundial provocada pelo confronto entre dois blocos, até sua liquidação mútua. Para ele, é uma aquisição evidente, uma simples tela de fundo ou um cenário exterior. Dick frequentemente descreve comunidades humanas isoladas, tanto colônias exiladas em um planeta hostil ou a bordo de uma nave perdida no espaço quanto grupos de sobreviventes que recomeçam do zero, depois de uma guerra devastadora. Um outro sinal da Guerra Fria é a predileção de Dick por populações que vivem embaixo da terra – ao abrigo das radiações – e que se tornam tão pálidas quanto vermes, perdendo até mesmo a visão, agora inútil.[3]

O essencial não é apenas o que acontece depois, mas a deflagração que isso provoca nos psiquismos, como se os cérebros também tivessem explodido ou, pior ainda, como se eles mesmos tivessem provocado a explosão. Dick não descreve quase nunca a catástrofe em si, pois suas narrativas começam depois. Jameson destaca, justamente, que

3 *Survey Team* e *Jogos de guerra*. Ver também o conto sobre o garoto rejeitado pelos colegas na escola porque é o único que não tem abrigo antiatômico: *Foster, você já morreu*.

uma das raras explosões atômicas descrita por Dick – em *Dr. Bloodmoney* – é provocada pela violenta implosão psíquica de um personagem (que pensa ter apenas um grave problema no ouvido interno).[4] A explosão é literalmente desencadeada por sua atividade cerebral, o que faz disso um acontecimento tanto psíquico ou "subjetivo" quanto real. "*Devo estar muito atormentado hoje*. De fato, uma alteração mais profunda das suas percepções sensoriais tomava conta dele, de uma forma que lhe era desconhecida. Uma bruma opaca e fumacenta começava a envolver tudo o que o que estava à sua volta, transformando prédios e carros em massas inertes, sinistras, sem cor nem movimento."[5] A descrição mistura indistintamente a perturbação subjetiva com a catástrofe objetiva. Ela nos mantém em uma espécie de indecisão: sou eu ou o mundo que está perdendo o equilíbrio? E a resposta não varia: os dois.

De modo geral, os indivíduos – e a própria Terra – passam por uma destruição ou uma morte que torna os personagens de Dick sobreviventes. Se o tempo histórico é o tempo da vida humana, a vida pré-histórica ou pós-histórica é o tempo dos sobreviventes. Encontramos aí um dos personagens recorrentes da FC cujo protótipo é uma espécie de Robinson Crusoé. Não é por acaso que Jules Verne, um dos pioneiros da FC, multiplicou as robinsonadas.[6] A

4 Jameson, op. cit., p. 38 sq. Nesse mesmo livro, Jameson propõe uma análise estrutural aprofundada desse romance.

5 *Dr. Boodmoney*, R2, p. 826.

6 Pelo menos quatro narrativas de Verne pertencem ao gênero da "robinsonada". Além de *A escola dos Robinson* e *A ilha misteriosa*, há também *Dois anos de férias* e *Segunda pátria*. Esse último livro era apresentado como a sequência ou a "segunda parte" do *Robinson* suíço de Johann David Wyss.

FC apresenta frequentemente personagens confrontados a um mundo desconhecido no qual eles vão tentando dar um jeito de sobreviver, à medida que vão descobrindo suas leis. Mesmo quando dispõem de ferramentas sofisticadas, estão condenados a se adaptar eternamente porque nada se passa como previsto. Na sua versão americana, Robinson é o homem padrão, o aventureiro comum, homem da Fronteira, *self-made man*, colonizador e trabalhador manual.

É particularmente o caso de Dick. Seus personagens são indivíduos comuns que fazem tudo que é possível para resolver seus problemas. Embora ele tenha imaginado, como qualquer autor de FC, confrontos interestelares, conflitos intergalácticos, suas intrigas repousam sempre sobre um indivíduo comum às voltas com problemas pessoais, financeiros, conjugais, profissionais que nada têm a ver com o destino da humanidade. Seus personagens principais nunca ocupam uma posição elevada na hierarquia social.[7] Eles são discotecários, reparadores, ceramistas, artesãos, empregados; vivem de pequenos biscates, como o célebre "borracheiro" de *Nossos amigos de Frolix 8*. Em um planeta deserto ou devastado por conflitos, não há outra escolha a não ser dar um jeito, remendar aquilo que encontramos aqui e ali nos destroços. O trabalhador manual é o herói comum de Dick, a figura antitética do engenheiro ou do homem-máquina androide. "Os homens que consertam tudo – o 'quebra-galho' – são as pessoas mais preciosas do mundo."[8]

7 Ver a carta bastante instrutiva para Ron Goulart na qual Dick expõe sua maneira de construir seus romances, em Sutin, p. 311 sq.

8 Declaração de um personagem de *Dr. Bloodmoney*, R2, p. 861. Inversamente, a declaração do responsável por uma empresa comercial em *Glissement de temps sur Mars*, R2, p. 579: "Estou cansado demais de ser

O trabalhador manual de Dick corresponde perfeitamente à definição dada por Lévi-Strauss que o distingue justamente do engenheiro. Diferentemente desse último, o que caracteriza o trabalhador manual é que ele não tem projeto preexistente ao qual subordinar a série das suas tarefas. "Seu universo instrumental é fechado e a regra do seu jogo é sempre se arranjar com 'o que tem à mão', isto é, um conjunto a cada instante limitado de ferramentas e materiais, ainda por cima heteróclitos."[9] Ele acumula os objetos mais variados, mais insólitos na aparência, mas a razão dessa acumulação não obedece a um projeto definido; ela repousa na instrumentalidade virtual do estoque com a qual o trabalhador manual "dialoga" (o famoso "isso pode servir"). Ele não para de se perguntar o que podem "significar" os elementos do seu estoque, para que eles podem servir, mas essa interação age no interior de um campo restrito na medida em que cada elemento, já tendo sido usado, conserva o caráter predeterminado dos seus usos anteriores.

É essa restrição do campo que garante a diferença essencial do engenheiro para Lévi-Strauss, pois o engenheiro procura, através de conceitos, ultrapassar os limites impostos pelo estado do saber em dado momento, enquanto o trabalhador manual permanece sempre aquém, devido às restrições impostas pelo seu estoque. Ele só pode compor com aquilo que tem à mão, mesmo que, no interior desses limites, desenvolva relações intuitivas preciosas que mostram

---

Norbert Steiner (...). Não sei usar minhas mãos, não posso consertar nada, fabricar nada...".

9 Claude Lévi-Strauss, *La pensée sauvage*. Paris: Plon, p 27. [Ed. bras. *O pensamento selvagem*, trad. de Tânia Pellegrini. Campinas, São Paulo: Papirus, 1990.]

afinidades de relações de simpatia com os elementos do seu estoque – fora de qualquer conceitualismo.[10] Justamente ele não age a partir de conceitos, mas a partir de signos sugeridos pelo estoque.

Traduzida em termos de Dick, a atividade manual é uma atividade do hemisfério direito, o das *gestalts*, de dinamismos ou de esquemas capazes de adivinhar as potencialidades de uma realidade não verbal. Não ficaremos surpresos de encontrar tantos trabalhadores manuais, artesãos, reparadores nos seus romances. Mas eles estão lá principalmente para se opor aos engenheiros, aos técnicos, aos industriais, a todas as formas de tecnocracia. Se o engenheiro tende para o androide desumanizado, é por causa da primazia que ele atribui à abstração dos conceitos, dos símbolos e de seus algoritmos. Tudo se passa como se a aquisição de competências tecnológicas tivesse separado o homem de um *savoir-faire* artesanal, da plasticidade das intuições e dos esquemas que favorecem o contato com a matéria. Dick deplora que as máquinas técnicas conduzam a essa especialização, a uma forma de hipertelia do cérebro.

A narrativa *The Variable Man* é a encenação quase demonstrativa dessa oposição. Em um mundo onde se prepara uma guerra entre a Terra e invasores extraterrestres, mas onde os terrestres não reconhecem que as probabilidades calculadas por seus computadores não são favoráveis a eles, os chefes de guerra terrestres procuram uma arma que daria e eles

10 Cf. igualmente Simondon, *Du mode d'existence des objets techniques*, op. cit., p. 89, que, através da distinção de um conhecimento conceitual ou simbólico "maior", descreve um conhecimento técnico "menor" do indivíduo "dotado de um poder de intuição e de conivência com o mundo que lhe dará uma grande habilidade, manifestável apenas na obra e não na consciência ou no discurso".

uma vantagem decisiva. A situação se complica quando um balão espaço-temporal traz do passado um reparador do século XX. Sua chegada perturba os cálculos do computador que não consegue mais predizer as probabilidades de vitória. O trabalhador manual é um "fator variável do qual nada se pode inferir com certeza" (N1, p. 321) porque suas aptidões são um desafio à especialização dos saberes e à programação cerebral dos engenheiros e técnicos. "Somos altamente especializados. Cada um tem sua missão, sua tarefa. Conheço meu trabalho, você é competente no seu próprio ramo (...). Este homem, porém, é de outra categoria. Ele pode fazer tudo, dar um jeito em tudo. Ele não apela para o saber, para a ciência, para a acumulação organizada dos fatos. Não *sabe* nada. Seu talento não está na cabeça; ele não é o resultado de uma aprendizagem. Funciona pela intuição; seu poder está nas suas mãos e não no seu cérebro" (N1, p. 337).[11]

O interesse do trabalhador manual não está apenas na reativação do poder intuitivo do hemisfério direito, mas na sua aptidão para *desviar* os elementos predeterminados do seu estoque, já que ele os utiliza de outra maneira, diferente da sua finalidade inicial. Com o trabalho manual a imaginação se torna uma faculdade de desviar em relação ao objetivo, um processo de derivação ou de alteração. Podemos aproximar o trabalho manual da arte bruta ou da arte *naïf*, como propõe Lévi-Strauss, mas também podemos aproximá-lo do dadaísmo ou das obras "neodadaístas" de Jasper Johns ou Robert Rauschenberg, quando eles tentam reciclar materiais heteróclitos desviando-os do seu uso predefinido.

11 Esse romance de juventude é fortemente inspirado pela leitura de Alfred Korzybski, que o descobriu por intermédio de A. E. van Vogt, um dos autores em que Dick mais se inspirou inicialmente.

Na sua descrição das obras de Rauschenberg, o que Leo Steinberg reprova na crítica formalista é justamente perceber a "pintura moderna como uma tecnologia evolutiva no interior da qual, a todo instante, tarefas específicas requerem soluções. Essas tarefas se colocam para o artista como problemas, em termos equivalentes àqueles colocados aos pesquisadores das grandes empresas. O artista, promovido a engenheiro e técnico da pesquisa, só se torna importante na medida em que ele se apresenta com soluções para o bom problema".[12] O artista, na sua versão formalista, é então descrito como um engenheiro altamente especializado. Por outro lado, quando Steinberg invoca as obras de Rauschenberg e de Jasper Johns, é para propor uma figura do artista mais próxima do trabalhador manual, já que, como este, eles usam elementos heteróclitos, tecidos, recortes de jornais, meias, ventiladores etc. que desviam do seu uso inicial. Compreendemos que Rauschenberg intitule justamente uma das suas séries "Combinações" para qualificar seus conjuntos. Trata-se de partir de "superfícies receptivas sobre as quais podemos dispor objetos, coletar dados, receber, imprimir, transmitir informações, de maneira coerente ou confusa".[13] O modelo tecnológico desmorona por causa do caráter heteróclito, desgastado dos elementos que compõem essas obras "arranjadas". Só subsistem as máquinas, como as de Tinguely ou, como diz

12 Leo Steinberg, "Other criteria" in *Regards sur l'art américain des années soixante*. Paris: Territoires, 1979, p. 43, 44-45: "Não é provavelmente um acaso, se a linguagem descritiva usada pela crítica formalista americana desses últimos cinquenta anos seguiu uma evolução paralela à do automóvel fabricado em Detroit (...). O que estou dizendo se refere menos aos próprios quadros do que ao aparelho crítico que trata deles".

13 Ibid., pp. 46-47.

Steinberg, acumulações disparates que são como os mapas de um cérebro saturado de informações.[14]

Recuperação e desvio são dois aspectos essenciais do trabalho manual, mas também do (neo)dadaísmo. O trabalhador manual desvia as peças destinadas a um programa ou a um conjunto altamente finalizado, e as recupera para outras funções e usos. Das duas figuras entre a quais ele está colocado, o engenheiro e o artista, ele está mais próximo do artista, mesmo que seu poder de invenção seja limitado pela predeterminação dos elementos do seu estoque. Entretanto essa limitação, aos olhos de Dick, é menos rígida do que aquelas que os códigos digitais linguísticos impõem ao cérebro, como mostra o retrato do "homem-variável", descrito em termos próximos aos de Korzybski: "Essa intuição, aliás, está mais em suas mãos do que na sua cabeça. Ele possui uma forma de genialidade comparável ao talento do pintor ou do pianista (...). Não tem nenhum conhecimento verbal das coisas com as quais é confrontado, nenhuma referência semântica. Enfrenta as coisas diretamente. Sem intermediário" (N1, p. 371).[15]

A potência de desvio não é unicamente aquilo que afasta o trabalhador manual do engenheiro e o aproxima do artista; ela o aproxima igualmente do falsário ou do *hacker* porque essa potência de desvio remete a diversas formas de desprogramação, de piratagens variadas. "A ética mais importante para a sobrevivência do indivíduo verdadeiramente

14 Ibid., p. 48: "Às vezes, parecia até mesmo que a superfície de trabalho de Rauschenberg podia ser assimilada ao próprio cérebro: entreposto, reservatório, centro de comutação, rico em referências concretas, livremente associadas...".

15 Ver também o conto sobre o renascimento do artesanato *Pay for the printer*.

humano se resumiria a trapacear, mentir, se esquivar, fingir, estar em outro lugar, falsificar, construir acessórios eletrônicos mais aperfeiçoados na sua garagem, para suplantar os acessórios das autoridades."[16] Desse ponto de vista, o trabalhador manual luta contra a androidização generalizada do campo social. Ele preserva uma forma de inventividade e de vitalidade que resiste ao aprisionamento em um mundo no qual todas as decisões já foram tomadas no lugar dele e onde a destinação dos objetos, principalmente quando se tornam "inteligentes", predetermina todas as suas atividades - a não ser que os programas sejam misturados. "Fazemos estudos estatísticos sobre a sociedade humana há dois séculos. Temos enormes bancos de dados. Nossos computadores são capazes de prever o que qualquer indivíduo, qualquer grupo fará em dado momento, em determinada situação. Mas este homem especificamente escapa de qualquer previsão. É uma variável. Não é científico. - A partícula indeterminada. - De que você está falando? - Da partícula que se comporta de maneira tal que não podemos prever o lugar que ela vai ocupar em determinado momento. A partícula aleatória."[17]

Não é que Dick queira reativar a figura heroica do Robinson colonizador. O objetivo do trabalhador manual não é se apropriar de um mundo fixando as condições da sua expansão, mas reunir fragmentos de mundos heterogêneos de maneira a circular entre eles; o herói de Dick é sempre um indivíduo modesto, mas cujo caráter imprevisível

16 *Si ce monde*, p. 42.

17 *L'homme variable*, N1, p. 339. E *Les joueurs de Titan*, R2, p. 1141: "Mary Anne é uma variável imprevisível no âmbito de um esquema causal clássico: ela introduz o princípio a-causal do sincronismo".

de "partícula aleatória" o torna superior às grandes figuras de dominação política e social. "Quanto aos meus romances, só estou certo de uma coisa. Eles sempre colocam em cena um homem sem envergadura que se afirma incansavelmente em todo o seu potencial (...). Tudo se passa em pequena escala. Se o desmoronamento é colossal, a minúscula figura positiva que se destaca no fundo dos escombros generalizados tem (...) um raio de ação digno de um inseto; seus meios são muito limitados... No entanto, em certo sentido, ele é grande."[18] Às voltas com problemas pessoais que desorganizam "seu" mundo, ele é logo confrontado com outros mundos bem mais vastos, bem mais organizados e bem mais imponentes, mas dos quais ele, por sua vez, desorganiza tudo para simplesmente resolver seus problemas.

Como observa Dick, a oposição entre o trabalhador manual e o engenheiro não diz respeito apenas à natureza da atividade deles; ela mede igualmente seu grau de integração social, como se a extensão das suas competências técnicas fosse proporcional à sua adesão à ordem social. Levando em conta o estoque restrito de material e ferramentas, o raio de ação do trabalhador manual é limitado. Compreendemos que ele não possa trabalhar para grandes empresas, a não ser para ter ali um papel subalterno, de modo que ele fica quase sempre à margem, às vezes até mesmo no limite da "inadaptação" social. Por outro lado, o engenheiro está sempre envolvido em uma vasta rede tecnológica. Sua atividade altamente especializada o integra em uma espécie de

18 *Regards*, p. 8. Ver a reflexão dos dois pequenos empreendedores quando estoura uma guerra civil, no final de *Simulacres*, R3, p. 407: "É prático ser pequeno, em momentos como estes. Quanto menores, melhores somos". E o elogio do encanador em RLA, p. 369.

megamáquina nascida da sinergia funcional entre diversos sistemas técnicos. Ele só se torna, porém, uma engrenagem eficiente se aderir à ordem social e técnica preexistente que essa megamáquina lhe impõe, a qual só cresce graças às competências técnicas, às adaptações sociais e às estratégias político-econômicas que ela está sempre absorvendo.

O meio no qual vive o trabalhador manual é muito menos organizado e não exige o mesmo tipo de adaptação. Temos a impressão de que ele tem sempre que recompor uma ordem social por causa da sua "marginalidade" relativa. Ele não se contenta em ficar consertando aparelhos no seu canto, tenta consertar uma ordem social desorganizada, ajustá-la para outros fins. Ele vive em um mundo no qual a ordem social é precária, isso quando não desmoronou, devastado por conflitos, guerras, pela implosão dos psiquismos – a ponto de não sabermos mais em que mundo estamos. Não sabemos mais quem é humano e quem não é mais; não sabemos mais quem está vivo e quem está morto; não sabemos mais o que é real e o que é artificial. É preciso reconstruir tudo a cada vez. Talvez seja finalmente isto a *caritas* de Dick: tornar-se o reparador de uma máquina-mundo desregulada pelos exércitos de engenheiros que, por sua vez, estão persuadidos de obter dela o melhor rendimento.

É nesse sentido que o trabalhador manual é o homem do tempo posterior. Ele chega depois da destruição. O que fazer em um mundo destruído pela metade por explosões atômicas e implosões psíquicas? Não temos outra escolha a não ser recolar os pedaços, recoser, remendar fragmentos de mundo, não para reconstruir o mundo de antes, destruidor, onde a vida era insuportável, mas para criar justamente novos espaços de mundos onde se possa viver, criar uma forma de continuidade viva, favorecendo a circulação das simpatias. *Consertar não é restaurar*; é exatamente o contrário. Talvez eles não saibam, no começo, mas os homens criam mundos onde não se pode viver, máquinas perfeitas, mas que não podem ser consertadas, que fazem do trabalhador manual o homem do futuro.

Dick acredita na força social desses indivíduos modestos e na potência reparadora do seu trabalho manual. Não se trata de pensar grandes totalidades fora do alcance de toda ação individual ("a" sociedade, "o" capitalismo, "o" mundo) a não ser para mostrar como elas desmoronam. Se Dick faz com que isso aconteça, é para reconstruí-las, consertá-las de outro modo. Vamos reconstruir um mundo, mas à nossa maneira, com os meios de que dispomos. É assim que se formam as alianças, comunidades ou grupos de reparadores em Dick. Seus romances descrevem sempre partes de mundo que podem ser melhoradas porque um indivíduo, ou um grupo de indivíduos, está diante de um problema que o obriga a encontrar soluções. A realidade do mundo não está dada, ela precisa ser construída, e o que ela será depende da parte ativa de cada indivíduo, das ações que ele realizar com outros, aqui e agora.

Em Dick, não vivemos nunca no pior nem no melhor dos mundos, mas em um mundo que pode ser melhorado ou reformado. Desse ponto de vista, ele compartilha a convicção de William James, que se declara "contra a grandeza e a enormidade sob todas as suas formas e a favor das forças morais, moleculares e invisíveis que agem de indivíduo para indivíduo, deslizam através das fendas do universo como pequenas raízes múltiplas ou como o porejamento capilar da água, e acabam, entretanto, rachando os mais duros monumentos do orgulho humano, se houver tempo para isso. Quanto mais considerável é o objeto do seu estudo, mais a vida se mostra oca, brutal, enganosa. Por essa única razão, sou contra todas as grandes organizações: e, em primeiro lugar, na primeira fila, aquelas que têm um caráter nacional; contra todos os grandes sucessos e grandes resultados; a favor das forças eternas de verdade que trabalham sempre no indivíduo, sem sucesso imediato, sempre ridicularizadas até que venha a história, muito tempo depois da sua morte, dar a eles o melhor papel".[19] A oposição entre o trabalhador manual e o engenheiro, em Dick, é uma outra forma da oposição entre essas alianças interindividuais, que agem entre um e outro, e as grandes totalidades que agem por "globalização". Por isso os personagens de Dick estão frequentemente à beira da dessocialização, vagamente "inadaptados". Nas margens onde eles vivem, são livres para se ressocializar de outra maneira que não aquela que corresponde às expectativas de um mundo que os exclui.

Essa força dos indivíduos, em Dick, é inseparável de uma forma de *irresponsabilidade*, seja porque as responsabilidades sociais sejam muito pesadas para carregar, seja porque seu estatuto social os dispense. Como existem cargos de alta responsabilidade, seria preciso falar dos personagens de Dick como *responsáveis inferiores* – ou altos irresponsáveis. Se eles conseguem resolver problemas que os ultrapassam, não é por causa do seu senso de responsabilidade, mas por conta da sua irresponsabilidade inata. Seu trabalho manual permanente comporta uma parte de brincadeira que os mantém em um estado de "menoridade social", como diz Simondon sobre o trabalho manual que remete justamente esse estado a uma forma de infância. O trabalhador manual

19 William James, "Lettre à Mme Harry Whitman, 7 juin 1899" in *Extraits de sa correspondance*. Paris: Payot, 1924, p. 194.

é uma espécie de criança que brinca e que, sem querer, danifica o mundo "real" dos altos responsáveis. Isso corresponde à admiração que Dick consagra à potência intrínseca da juventude como força irresponsável, espontaneamente desobediente. Há um profundo otimismo de Dick a esse respeito. A força da juventude é sua irresponsabilidade, principalmente se a responsabilidade consiste em se tornar cúmplice das coerções impostas em nome de uma "realidade" erigida em princípio, quando chega o momento de passar para as "coisas sérias". É uma evidência: os personagens de Dick não têm seriedade.

Dick distingue justamente dois casos de desobediência, os que desobedecem por militância política ou teórica e aqueles que desobedecem simplesmente porque não "podemos estar de acordo com o fato de que é preciso sempre fazer o que nos mandam - principalmente quando é uma placa ou um cartaz que dá as ordens. Nos dois casos, há desobediência. Podemos aplaudir o primeiro como tendo uma significação e dizer que o segundo é apenas irresponsabilidade. No entanto é nesse segundo caso que vejo o futuro mais radiante".[20] Isso se deve justamente à parte de indeterminação dessa matéria rebelde, irresponsável, à falta de seriedade constitutiva da juventude para Dick. Não é o caso de valorizar a ausência de consciência política, mas de preferir uma forma de vitalidade que se esforce para recompor uma nova realidade em vez de se submeter aos imperativos da realidade "dominante". Novamente, reparar, consertar tudo aquilo que os mundos artificiais destroem, abandonam, excluem. "Nunca tive uma alta opinião daquilo que costumamos chamar de 'realidade'. A realidade para mim não é tanto

20 *Si ce monde*, pp. 35-36.

alguma coisa que percebemos quanto algo que fazemos. *É preciso criá-la mais rápido do que ela nos cria.*"[21]

Existe ainda uma outra razão pela qual Dick privilegia a figura do trabalhador manual. Lévi-Strauss aproxima o trabalho manual do pensamento mítico, concebido como um "trabalho manual intelectual", da mesma forma que o trabalho manual tem um caráter "mito-poético".[22] É que a mitologia também age a partir de um repertório heteróclito, extenso, mas limitado, de mitemas. Mas essa não é justamente a situação da FC, no momento em que Dick começa a escrever: um conjunto finito de convenções estereotipadas e arbitrárias com as quais os autores devem sempre (re)compor suas narrativas? Extraterrestres, cientistas loucos, aventureiros intrépidos, cápsulas espaciais, tecnologia ultramoderna, fenômenos inexplicáveis etc., todo um conjunto de "mitemas" que podem se recompor indefinidamente. Mas o que impede o trabalho manual é a industrialização do gênero, sua serialização através da produção de revistas (*pulps*) que obriga os autores a uma produtividade tal que eles são obrigados a aplicar sempre as mesmas receitas. A inventividade fica circunscrita no interior de roteiros pré-estabelecidos.[23]

21 *Si ce monde*, p. 63 (grifo do autor).

22 Lévi-Strauss, op. cit., p 26.

23 Ver principalmente o papel de John W. Campbell, que, depois de ter sido autor de FC, tornou-se o principal editor das narrativas de FC através da revista *Astounding Stories*, que dirigiu do final dos anos 1930 até sua morte, em 1971. No momento em que Dick começa a redigir seus primeiros textos de FC, as regras gerais – que ele iria transgredir todas – eram as seguintes: os acontecimentos deviam ser explicados racionalmente; o final devia ser feliz; os extraterrestres nunca deveriam ser tão bons e

Juntamente com outros, Dick foi um daqueles que logo se libertaram dessas imposições. Tudo se passa como se ele tivesse desviado – e feito pouco caso deles – de todos os "mitemas" do gênero, causalidade linear, unidade dos mundos, intrepidez do aventureiro, extraterrestres hostis, sem falar de todos os elementos esparsos que ele injeta nos seus romances como uma composição de Rauschenberg. Podemos citar desordenadamente: a psicanálise junguiana, *O livro tibetano dos mortos*, a literatura médica, psiquiátrica, os textos bíblicos, os textos esotéricos, a teoria da informação, os escritos de Korzybski, de Burroughs, de Jung, de Binswanger... não apenas como fontes de inspiração, mas como material recuperado usado para construir seus conjuntos.[24]

Finalmente, o trabalhador manual, a "partícula imprevisível", não seria o próprio Dick? Não é ele que faz com que os mundos desmoronem, que explode todas as categorias da narrativa? O retrato do "homem variável" não seria um autorretrato, o de um artesão que reconstitui narrativas no seu canto? "Aquilo que escrevo não tem sentido, no conjunto. Encontramos disseminados aqui e ali tanto distrações quanto questões religiosas ou de horror psicótico, assim como uma tendência para o social ou o sociológico, mais do que para as ciências exatas (...). Tudo é igualmente real, a futilidade e o restante (...). O lado aleatório dos meus textos não me escapa; e vejo também o quanto essa rápida

---

inteligentes quanto os humanos; o mérito individual ou coletivo devia ser valorizado. Cf. sobre esse ponto, Robinson, op. cit., p. ix sq.

24 Podemos lembrar a citação de Franz Boas por Lévi-Strauss, próxima da concepção dos mundos em Dick (op. cit., p. 31): "Poderíamos dizer que os universos mitológicos estão destinados a serem desmantelados logo que se formam, para que novos universos nasçam de seus fragmentos".

permutação das possibilidades é susceptível com o tempo de justapor & revelar coisas importantes, automaticamente omitidas pelo pensamento organizado."[25]

Se os romances podem romper com uma intriga linear e bifurcar o tempo todo, seguir desenvolvimentos aleatórios, é porque eles estão construídos nessa zona metastável do "fantástico", onde os mundos interferem, onde as categorias se desmontam, causalidade, identidade, realidade, o mais próximo do caos. "Cada um dos meus romances se compõe, de fato, de dois romances superpostos. Isso explica tudo; é por isso que eles têm inúmeras pistas que não levam a lugar nenhum, mas também porque é constantemente impossível prever o final, já que eles não têm intriga linear em si."[26] Mas há também uma dimensão reparadora nos seus romances, no sentido em que é preciso consertar os mundos, remendar, como podemos, a integridade psíquica, arriscando a preencher as brechas com os delírios. É como se fossem as três tarefas do artista: *recuperar* o material abandonado pelos mundos artificiais, *desviá-los* do seu uso predefinido e *consertar* os mundos físicos e psíquicos que destroem as forças da regressão e da entropia.

Mesmo que Dick confesse uma secreta "predileção pelo caos", é também disso que a escrita dos seus romances deve protegê-lo, como os esquizofrênicos reúnem elementos heteróclitos nas suas construções manuais para tentar que se pareçam com eles próprios.[27] É preciso equilibrar no romance

25 Sutin, p. 348 e E, II, p. 114: "Não procuro a bela escrita – contento-me em descrever nossa condição em intenção àqueles que estão fora das câmeras criogênicas. Sou um analisador".

26 Sutin, p. 564.

27 Cf. Jean Oury, *Création et schizophrénie*. Paris: Galilée, pp. 169-173.

elementos inconciliáveis entre eles, encontrar a forma que permita reuni-los, para conjurar o perigo da sua dispersão. Talvez, enfim, seja esse o aspecto mais importante do trabalho manual: proteger-se dos perigos da loucura. Trabalho manual é um outro nome para o delírio. O delírio não é uma espécie de trabalho manual esquizofrênico reparador?

Tudo se passa como se Dick nunca tivesse tido *nenhum fundamento*, nenhuma certeza última na qual se segurar. "Cada ideia é verdadeira, *mas durante um lapso de tempo não mensurável* porque (...) sua verdade – é instantaneamente negada por *uma ideia igual e oposta*, e assim por diante (...). Cada *eu* passa por uma infinidade de universos ou 'instantâneos', cada um com suas leis próprias – ou verdades próprias."[28] Isso é particularmente sensível quando se lê *The Exegesis*, que multiplica hipóteses e teorias em todas as direções. "As teorias são como os aviões no aeroporto de LA: uma a cada minuto."[29] Há mesmo uma hipótese para explicar essa proliferação incessante de hipóteses contraditórias: seu cérebro deve criar uma confusão de ideias, "uma espécie de ruído branco", como um código indecifrável destinado a protegê-lo de uma revelação importante demais (E, II, p. 86). A multiplicação das hipóteses e das narrativas seria um trabalho incessante de forclusão do pânico. A mente pode apenas deslizar, derivar de uma ideia à outra, em uma vertigem constante que justamente o trabalho manual dos romances permite reparar provisoriamente.

◊

28 E, II, p. 87.

29 RLA, p. 250 e E, II, p. 154: "Pouco a pouco, as conjecturas delirantes vão transbordando em mim".

REFERÊNCIAS BIBLIOGRÁFICAS

Só aparecem nesta bibliografia as obras citadas em nosso estudo.

Lista de obras de Dick reagrupadas em volumes:

- *Nouvelles complètes*, tomo I: 1947-1953. Paris: Gallimard, "Quarto", 2020.
- *Nouvelles complètes*, tomo II: 1954-1981. Paris: Gallimard, "Quarto", 2020.
- *Romans 1953-1959*. Paris: J'ai lu, "Nouveaux Millénaires", 2012. (Loterie solaire. Les Chaînes de l'avenir. Le Profanateur. Les Pantins cosmiques. L'Œil dans le ciel. Le Temps désarticulé.)
- *Romans 1960-1963*. Paris: J'ai lu, "Nouveaux Millénaires", 2012. (Les Marteaux de Vulcain. Docteur Futur. Le Bal des schizos. Glissement de temps sur Mars. Dr Bloodmoney. Les Joueurs de Titan.)
- *Romans 1963-1964*. Paris: J'ai lu, "Nouveaux Millénaires", 2013. (Brèche dans l'espace. Simulacres. La Vérité avant-dernière. Le Zappeur de mondes. Les Clans de la lune Alphane.)
- *Romans 1965-1969*. Paris: J'ai lu, "Nouveaux Millénaires", 2013. (En attendant l'année dernière. Les Machines à illusions. Le Guérisseur de cathédrales. Nick et le Glimmung. Message de Frolix 8.)
- *La Trilogie divine*. Paris: Denoël, "Lunes d'encre", 2013. (SIVA. L'Invasion divine. La Transmigration de Timothy Archer.)
- *L'Exégèse de Philip K. Dick*, v. I. Paris: J'ai lu, "Nouveaux Millénaires", 2016.
- *L'Exégèse de Philip K. Dick*, v. II. Paris: J'ai lu, "Nouveaux Millénaires", 2017.

Outros romances em ordem alfabética:
• *Au bout du labyrinthe*. Paris: Le livre de poche, 1996.
• *Les androïdes rêvent-ils de moutons électriques?* (Blade Runner). Paris: J'ai lu, "Nouveaux Millénaires", 2012.
• *Coulez mes larmes, dit le policier*. Paris: J'ai lu, "Nouveaux Millénaires", 2013.
• *Le Dieu venu du Centaure*. Paris: J'ai lu, "Nouveaux Millénaires", 2013.
• *La Fille aux cheveux noirs*. Paris: Folio SF, 2002.
• *Le Maître du Haut Château*. Paris: J'ai lu, "Nouveaux Millénaires", 2012.
• *Mensonges et Cie*. Paris: Le livre de poche, 1996.
• *Radio Libre Albemuth*. Paris: Folio SF, 2005.
• *Substance Mort*. Paris: Folio SF, 2014.
• *Ubik*. Paris: 10/18, 1999.

Obras em compêndio:
• Hélène Collon, *Regards sur Philip K. Dick*, 2 ed. Amiens: Encrage, 2006.
• Lawrence Sutin, *Invasions divines: Philip K. Dick, une vie*. Paris: Folio SF, 2002.

Dados Internacionais de Catalogação na Publicação (CIP) de acordo com ISBD

L315a Lapoujade, David

A alteração dos mundos / David Lapoujade ; traduzido por Hortencia Lencastre ; ilustrado por Julian Alexander Brzozowski. - São Paulo : n-1 edições, 2022.

208 p. : il. ; 14cm x 21cm.

Inclui índice.

ISBN: 978-65-86941-87-6

1. Filosofia. 2. Literatura de ficção científica. I. Lencastre, Hortencia. II. Brzozowski, Julian Alexander. III. Título.

2022-406 CDD 100
CDU 1

Elaborado por Vagner Rodolfo da Silva - CRB-8/9410

Índice para catálogo sistemático:
1. Filosofia 100
2. Filosofia 1

n-1

O livro como imagem do mundo é de toda maneira uma ideia insípida. Na verdade não basta dizer Viva o múltiplo, grito de resto difícil de emitir. Nenhuma habilidade tipográfica, lexical ou mesmo sintática será suficiente para fazê-lo ouvir. É preciso fazer o múltiplo, não acrescentando sempre uma dimensão superior, mas, ao contrário, da maneira mais simples, com força de sobriedade, no nível das dimensões de que se dispõe, sempre n-1 (é somente assim que o uno faz parte do múltiplo, estando sempre subtraído dele). Subtrair o único da multiplicidade a ser constituída; escrever a n-1.

GILLES DELEUZE E FÉLIX GUATTARI